채무자 재산 묶어놓는 법·푸는 법

(가압류 & 가처분)

장인태 편저

법률출판사

머리말

우리가 사회생활을 하다보면 타인에게 어떠한 행위를 하지 못하게 할 필요가 생깁니다. 때로는 특정 타인이 나에게 어떤 행위를 하도록 강제할 필요도 있습니다.

이러한 문제가 생기면 먼저 민사소송을 생각하는 것이 일반적입니다. 그런데 민사소송절차는 상당한 기간을 필요로 하는 경우가 대부분입니다. 의무를 이행하여야 할 상대방은 민사소송절차가 끝나기 전에 특정한 목적물을 처분하거나 나에게 더 큰 피해를 줄 수도 있다.

이처럼 급박한 사정이 있는 때에는 민사소송절차에 앞서 또는 민사소송절차의 진행 중에 서둘러서 응급조치를 취할 필요성이 있습니다. 그렇지만 우리 법은 자력구제를 허용하지 않습니다. 따라서 법원의 조력을 받을 수밖에 없습니다. 이러한 경우에 가압류와 가처분을 활용할 수 있습니다. 이 둘을 합하여 '보전처분'이라고 합니다. 보전처분은 악덕 채무자로 하여금 심리적 압박감을 느끼게 하는 부수적인 효과도 있습니다.

이 책자는 누구든지 보전처분을 응용할 수 있도록 배려하며 엮었습니다. 따라서 위 가압류와 가처분을 구분하여 그 요건, 절차 및 효과 등을 자세히 설명하였습니다. 그리고, 이 보전처분 등의 반대편에 있는 채무자가 가압류나 가처분으로부터 벗어나는 요령에 관련한 내용도 충분히 설명하였습니다. 이에 더하여 각 신청서 등의 사례를 폭넓게 실었고, 중요한 대법원판례도 충실히 반영하였습니다.

　편저자로서 최선을 다하였지만, 지면의 한계 및 편저자의 지식의 일천함으로 내용상 다소 미흡한 부분도 있으리라 사료됩니다. 판을 거듭하면서 보완해나갈 것을 약속드리며, 아무쪼록 이 책자가 독자 여러분께 유익한 길잡이가 되기를 기대합니다.

2018. 7.

편저자 드림

차 례

Ⅰ. 가압류

Ⅱ. 가처분

Ⅲ. 부록

(부동산목록 및 각종 보전처분의 신청취지 작성례)

서식 색인

Ⅰ. 가압류

Ⅰ. 가압류

가압류의 명령절차

1. 보전처분에 관한 이해

채무자가 해당 채무를 스스로 이행(변제)하지 않는 경우에 채권자로서는 본안의 소송절차를 통하여 집행권원을 얻은 다음 강제집행절차에 착수하여야만 채권의 만족을 얻을 수 있다.

그런데 본안의 소송절차는 상당히 많은 시간을 필요로 한다. 따라서 강제집행의 대상인 채무자의 재산이나 다툼의 대상은 어떤 이유로든지 사실상 또는 법률상으로 현상이 변경될 개연성이 높다. 즉 본안소송에서 패소판결을 받을 가능성이 높은 채무자로서는 강제집행의 대상이 될 수 있는 자신의 재산을 처분, 은닉 또는 소비할 수 있기 때문이다.

채권자가 본안소송에서 승소확정판결을 얻더라도 강제집행의 목적물인 채무자 소유 재산이 없어진 뒤에는 강제집행에 착수하지 못하거나 강제집행이 매우 곤란할 것이다. 따라서 채권자로서는 강제집행의 대상인 채무자 소유 재산이 현상 변경되는 것을 미리 막아야 할 필요가 있는 것이다.

이와 같이 채무자 소유의 재산 또는 다툼의 대상을 미리 묶어두어 현상을 변경하지 못하게 하는 절차를 '보전처분'이라고 한다. 보전처분은 다시 '가압류'와 '가처분'으로 나뉜다.

보전처분에서의 당사자는 자기의 이름으로 보전명령(또는 집행명령)을 신청하거나 그 상대방이 되는 사람을 말한다. 그리고 보전처분의 절차에서는 이들을 '채권자'와 '채무자'라고 부른다.

가압류 또는 가처분의 목적물이 채무자의 제3자에 대한 채권인 경우에 있어서는 가압류나 가처분의 집행은 그 제3자에 대하여 하게 된다. 이때의 제3자는 '제3채무자'라고 부르며, 제3채무자는 이해관계인이지만 당사자에는 포함되지 않는다.

2. 가압류란?

「민사집행법」의 관련 규정

제276조(가압류의 목적) ① 가압류는 금전채권이나 금전으로 환산할 수 있는 채권에 대하여 동산 또는 부동산에 대한 강제집행을 보전하기 위하여 할 수 있다.
② 제1항의 채권이 조건이 붙어 있는 것이거나 기한이 차지 아니한 것인 경우에도 가압류를 할 수 있다.

「민사집행법」(이하 "법"이라고 줄여 씀) 제276조제1항은 "가압류는 금전채권이나 금전채권으로 환산할 수 있는 채권에 대하여"라고 규정하였다. 위 법문은 "가압류는 금전채권이나 금전채권으로 환산할 수 있는 채권에 의하여" 또는 "가압류는 금전채권이나 금전채권으로 환산할 수 있는 채권의 집행을 위하여"라고 해석하여야 한다.

금전 또는 금전으로 환산(換算)할 수 있는 청구권을 그대로 두면 장래에 강제집행[1]이 불가능하게 되거나 곤란하게 될 경우에 있어서 채권자가 일반담보로 될 수 있는 채

---

1) 강제집행(強制執行) : 강제집행은 채권자가 집행기관인 법원(집행관)의 도움을 받아 채무불이행자인 채무자의 일반재산을 경매하는 등의 방법으로 채권의 만족을 얻는 「민사집행법」상의 절차이다.

무자의 재산을 미리 압류하여 현상(現狀)을 보전하고, 그 변경을 금지하여 장래의 강제집행을 보전하는 절차를 가압류라고 한다.

가령 채무자인 乙이 채권자인 甲에게 금전채무를 변제(辨濟 : 빚을 갚음)하지 아니하는 경우에는 甲으로서는 부득이 乙을 상대로 재판절차(민사소송절차, 지급명령절차, 소액사건심판절차 등)를 통하여 집행권원[2]을 확보한 다음에 乙의 재산을 압류[3]함과 동시에 강제집행절차를 밟게 된다.

그런데 일반적으로 재판절차는 상당한 기간을 필요로 하고, 채무자(乙)는 가까운 장래에 당하게 될 강제집행을 면탈할 목적 등으로 강제집행의 목적물이 될 자기의 재산을 처분할 수도 있다. 따라서 법은 채권자(甲)를 두텁게 보호하기 위하여 가압류라는 제도를 마련한 것이다(「민사집행법」 제276조 내지 제299조).

이 가압류와 가처분을 합하여 보전처분(保全處分)이라고 부른다. 법은 거짓 또는 임시적이라는 의미를 갖는 가자(假字)를 사용하고 있는데, 실질에 있어서는 가압류 또는 가처분이 집행되면 본집행절차에서의 압류인 이른바 본압류와 거의 동일한 효력이 있다. 가처분에 관하여는 뒤에서 검토한다.

3. 가압류의 요건

가. 가압류를 신청할 수 있는 자(피보전권리자)

가압류는 금전채권 또는 금전으로 환산(換算)할 수 있는 채권을 가진 자(이하 '피보전권리자'라고 한다)가 법원에 신청할 수 있다. 가압류의 목적물은 채무자 소유의 부동

---

2) 집행권원(執行權原) : 집행권원이란 국가의 강제력에 의하여 실현될 청구권의 존재와 범위를 표시하고, 그에 집행력이 부여된 공정증서(公正證書)라고 풀이할 수 있다. 과거에는 '채무명의(債務名義)'라고 하였다. 확정판결, 인낙조서, 각종의 조정조서, 화해조서, 이행권고결정, 지급명령, 가압류명령, 가처분명령, 가집행선고 붙은 종국판결, 집행증서(공정증서), 배상명령, 검사의 집행명령 등이 여기에 해당한다.
3) 압류(押留) : 압류는 채권자의 신청에 의하여 집행기관인 법원(집행관)이 채무자의 특정재산을 사실상 또는 법률상 처분하지 못하게 하는 절차이다. 가압류와 구별하기 위하여 '본압류'라고도 부른다. 이는 강제집행의 개시단계라고 이해하여도 무방하다.

산, 선박, 항공기 또는 동산 등이다. 채무자가 제3자에 대하여 갖고 있는 채권(債權)도 그 대상이 된다.

'금전채권으로 환산할 수 있는 채권'이란, 아직은 금전채권이 아니므로 가압류의 피보전권리가 될 수 없는 채권(가령 특정채권인 '부동산소유권이전등기청구권')이지만, 그 특정채권이 장래에 이행불능[4]이나 집행불능[5]으로 될 것이 예상되는 경우에는 일반채권인 손해배상청구권으로 변하여 금전채권이 될 것이므로, 가압류의 피보전권리가 될 수 있다.

> 장래 발생할 채권이나 조건부채권[6]은 현재 그 권리의 특정이 가능하고, 가까운 장래에 발생할 것임이 상당정도 기대되는 경우 가압류의 대상이 된다고 할 것이다(대법원 2008다7109 판결).

채권자는 채무자를 대위하여 제3채무자에 대한 채권을 행사할 수 있으므로, 가압류 및 가처분의 신청도 대위할 수 있다. 채권자대위권은 채권자가 자기의 이름으로 행사하는 권리이다.

> 저작권법은 특허법이 전용실시권제도를 둔 것과는 달리 침해정지청구권을 행사할 수 있는 이용권을 부여하는 제도를 마련하고 있지 아니하여, 이용허락계약의 당사자들이 독점적인 이용을 허락하는 계약을 체결한 경우라도 그 이용권자가 독자적으로 저작권법상의 침해정

---

4) 이행불능(履行不能) : 이행불능은 경험칙상 또는 거래관념상 채무자에게 채무의 이행을 기대할 수 없는 경우를 말한다.
5) 집행불능(執行不能) : 집행불능이란 어떤 사정으로 인하여 채권의 강제집행이 불가능하게 된 경우를 말한다.
6) 조건부채권(條件附債權) : 조건부채권이란 채권관계의 성립이나 소멸이 조건의 성취 여부에 달려있는 채권이다. 여기의 조건은 장래에 성취될 수 있으리라는 기대를 갖게 하는 정지조건(조건이 실현 내지 성취되면 채권의 효력이 발생하게 하는 조건)을 말한다.

지청구권을 행사할 수는 없다. 따라서 이용허락의 목적이 된 저작권법이 보호하는 재산권의 침해가 발생하는 경우에도 그 권리자가 스스로 침해정지청구권을 행사하지 아니하는 때에는 독점적인 이용권자로서는 이를 대위하여 행사하지 아니하면 달리 자신의 권리를 보전할 방법이 없을 뿐만 아니라, 저작권법이 보호하는 이용허락의 대상이 되는 권리들은 일신전속적인 권리도 아니어서 독점적인 이용권자는 자신의 권리를 보전하기 위하여 필요한 범위 내에서 권리자를 대위하여 저작권법 제91조에 기한 침해정지청구권을 행사할 수 있다(대법원 2007. 1. 25.선고 2005다11626).

나. 가압류의 필요성(피보전권리)

가압류는 이를 하지 아니하면 판결을 집행할 수 없거나 판결을 집행하는 것이 매우 곤란할 염려가 있는 경우에 할 수 있다(법 제277조). 이를 구체적으로 열거하면, 채무자가 자기의 재산을 처분·은닉·훼손하거나 제3자에게 담보로 제공하는 경우 등이 여기에 해당한다. 또 채무자가 도망하거나 해외이주 또는 재산의 해외도피 등을 할 경우가 예상되는 때에도 같이 보아야 할 것이다. 판결을 집행할 수 없거나 판결을 집행하는 것이 매우 곤란할 염려가 있는 사유는 채무자의 고의·과실에 의한 경우뿐만 아니라 제3자의 행위 또는 불가항력에 의한 경우를 가리지 않는다.

법 제277조에서 말하는 '판결'에는 일반적인 소송절차를 거쳐 얻은 확정된 판결뿐만 아니라 지급명령절차에서 얻은 확정된 지급명령 및 강제집행이 예정된 공정증서 등 모든 집행권원을 포함한다.

채권자가 채무자를 상대로 이미 집행권원을 확보한 경우, 채무자가 채권자에게 충분한 담보를 제공한 경우, 이미 가압류를 집행해둔 채무자의 재산만으로도 장차 강제집행에 지장이 없는 경우 등에는 보전의 필요성이 없다고 평가된다. 또한 채무자에게 자력(資力)이 충분하다면 그의 보증인을 상대로 가압류를 집행할 필요가 없을 것이다.

가압류는 강제집행을 보전하기 위한 절차이므로, 피보전권리는 강제집행에 적합한 권리일 것을 요한다. 따라서 공법상의 청구권, 국세징수절차에 의하여 집행하여야 하는 조세채권, 당사자 사이에 부집행의 특약이 있는 채권 등은 피보전권리가 될 수 없다. 다만, 제3자가 이미 압류 또는 가압류를 집행한 채권은 피보전권리가 될 수 있다.

가압류결정의 피보전권리와 본안의 소송물인 권리는 엄격하게 일치할 필요는 없으며, 청구의 기초의 동일성이 인정되는 한 그 가압류의 효력은 본안소송의 권리에 미친다. 가압류의 신청은 긴급한 필요에 따른 것으로서 피보전권리의 법률적 구성과 증거관계를 충분하게 검토·확정할만한 시간적 여유가 없이 이루어지는 사정에 비추어보면 당사자가 권리 없음이 명백한 피보전권리를 내세워 가압류를 신청한 것이라는 등의 특별한 사정이 없는 한 청구의 기초에 변경이 없는 범위 내에서는 가압류의 이의절차에서도 신청이유의 피보전권리를 변경할 수 없다(대법원 2008마1984).

가압류는 보전집행의 하나로 일컫는 바이거니와 보전집행은 본집행, 즉 청구권실행을 위한 강제집행이 이룩되기 전에 그 집행에 장애가 될 일이 생김을 미리 막기 위하여 현상을 그대로 보전하려는 목적에서 하는 집행을 말하니, 본집행의 길이 열려있는 부동산소유권이전등기청구권에 대하여 가히 앞잡이집행이라 할 가압류가 안 된다고 한다면 있을 수 없는 일을 있다고 하는 것이 되리라.
그렇다면 이 사건에서 부동산소유권이전등기청구권은 가압류할 수 없다는 취지로 한 원결정은 가압류에 관한 법리를 오해함으로써 결과에 영향을 준 위법이 있다고 하리니, 이 점을 말하는 논지는 이유 있다 하겠고, 원판결은 파기한다(대법원 76마381).

선박운송물의 멸실로 인하여 손해배상채권이 선박에 대하여 선박우선특권[7]이 있는 경우, 그 채권자는 상법 제861조제2항에 의하여 선박에 대하여 집행권원 없이도 경매청구권을 행사하여 그 경매대금에서 위 채권의 우선변제를 받을 수 있으므로, 특단의 사정이 없는 한 위 채권을 보전하기 위하여 선박에 대하여 가압류집행을 할 수 없다(대법원 80다2318).

4. 가압류의 신청절차

가. 신청할 법원(관할법원)

가압류는 가압류할 물건이 있는 곳을 관할하는 지방법원이나 본안의 관할법원이 관할한다(법 제278조). 본안법원은 제1심법원으로 한다. 다만, 본안이 제2심법원에 계속된 때에는 그 계속된 법원으로 한다(법 제311조). 급박한 경우에 재판장은 신청에 대한 재판을 할 수 있다(법 제312조).

본안의 관할권이 시·군법원에 있는 소액사건 관련 가압류사건의 관할법원은 시·군법원이 된다.

법 제278조에서 말하는 '본안(本案)'이라 함은 「민사소송법」 또는 「소액사건심판법」 등이 규정한 절차에 따른 민사소송절차, 소액사건심판절차, 독촉절차(지급명령절차), 제소전화해절차, 조정절차 등을 말한다.

본안소송을 시작하기 전에 가압류를 먼저 집행하는 것이 일반적이지만, 법 제278조에서 말하는 '본안의 관할법원'은 본안소송이 먼저 개시된 뒤에 가압류를 신청하는 경우에 적용하기 위한 규정이다. 따라서 가압류를 신청할 수 있는 시기는 본안소송이 확정되기 이전이면 언제든지 가능함을 알 수 있다.

나. 신청의 방식

가압류절차는 가압류신청서를 법원에 제출함으로써 시작된다. 가압류신청을 기각이나 각하한 결정에 대한 즉시항고, 가압류결정에 대한 이의신청, 본안 제소명령신청, 가압류 취소신청, 가압류집행신청도 모두 신청의 취지와 이유를 적은 서면으로 하여야 한다.

---

7) 선박우선특권(船舶優先特權) : 선박우선특권이란 일정한 법정채권(「상법」 제777조제1항제1호 내지 제4호)의 채권자가 선박과 그 부속물(속구·운임, 그 선박과 운임에 부수한 채권)로부터 다른 채권자보다 자기채권의 우선변제(優先辨濟)를 받을 수 있는 특수한 담보물권(擔保物權)을 말한다(「상법」 제777조 2항). 이는 「민법」상의 저당권에 관한 규정을 준용한다.

가압류신청서에는 ① 청구채권의 표시, ② 그 청구채권이 일정한 금액이 아닌 때에는 금전으로 환산한 금액, ③ 가압류의 이유가 될 사실(보전의 필요성)을 적고, 청구채권과 가압류의 이유를 소명[8]하여야 한다. 그리고 이 신청서에는 신청의 취지와 이유 및 사실상의 주장을 소명하기 위한 증거방법을 적어야 한다.

실무상 가압류의 목적물은 부동산, 유체동산 및 채권으로 구분하고 있다. 따라서 채권자가 하나의 채권의 집행보전을 위하여 위 목적물들을 한꺼번에 가압류를 집행하고자 하는 경우에는 목적물별로 가압류신청서를 따로 작성하여 제출하여야 한다.

원심은 예금의 종류는 다종다양하여 일반인이 각 금융기관별로 예금의 종류를 모두 파악하기는 어렵고, 은행예금은 특별한 사정이 없는 한 그 비밀이 보장되어 예금주의 채권자는 구체적으로 예금주의 예금의 종류와 금액 등을 상세히 알기 어려운 점 등에 비추어볼 때, 예금주의 채권자가 예금채권의 가압류 또는 압류를 신청하면서 채무자의 다른 예금채권과 구별할 수 있을 정도로 예금의 종류와 금액을 기재하여 그 동일성을 식별할 수 있을 정도라면 이를 가압류 또는 압류의 대상이 되는 예금채권은 특정되었다고 할 것이고, 예금주에게 하나의 예금계좌만 있을 때에는 반드시 예금의 종류와 계좌를 밝히지 않더라도 가압류 또는 압류의 대상이 특정된 것으로 볼 수 있다고 판단하고, 나아가 이와 같은 법리를 전제로 하여 이 사건 가압류결정과 채권압류 및 추심명령[9]에서 가압류 또는 압류할 예금채권으로 자유저축예금, 보통예금 등은 명시된 반면 이 사건 예금계좌와 같은 기업자유예금은 명시되어 있지 않으나, 기업자유예금은 자유저축예금, 보통예금 등과 함께 입출금이 자유로운 예금으로써 기본적인 성격이 유사하고, 다만, 그 명칭, 예금이율, 가입대상 등에서 일부 차이가 있을 뿐이며, 특히 이 사건 가압류결정이 피고에게 송달될 당시 구자진이 피고에 대하여 가지고 있던 예금채권은 이 사건 예금계좌가 유일한 것이므로, 이 사건 가압류결정과 채권압류 및 추심명령의 효력은 이 사건 예금계

---

8) 소명(疏明) : 소명은 엄격한 증명(證明)에는 미치지 못하지만 법관이 일응 그러할 것이라고 믿게 하는 정도의 약한 증명으로 이해하면 무방하다.
9) 채권압류(債權押留) 및 추심명령(推尋命令) : 집행권원을 소지한 채권자 甲은 채무자

좌의 예금채권에 미친다고 봄이 상당하다고 판단하였다.

원심의 사실인정에 의하면 기업자유예금도 넓은 의미에서는 자유저축예금이나 보통예금의 일종으로 볼 수 있는 점, 하나의 예금계좌만이 존재하는 경우에는 가압류 또는 압류의 대상인 예금채권의 특징을 엄격하게 요구하지 않더라도 예금자의 이익에 반하지 않는 점, 피고의 지위 등에 비추어 원심의 위와 같은 사실인정과 판단은 정당한 것으로 수긍할 수 있다(대법원 2007다56425).

가압류명령의 송달 이후에 채무자의 계좌에 입금될 예금채권도 그 발생의 기초가 되는 법률관계가 존재하여 현재 그 권리의 특정이 가능하고, 가까운 장래에 예금채권이 발생할 것이 상당한 정도로 기대된다고 볼만한 예금계좌가 개설되어 있는 경우 등에는 가압류의 대상이 될 수 있다(대법원 2008다9952).

대법원 예규인 「보전처분신청사건의 사무처리요령(재민2003-4)」은 "가압류를 신청하는 경우에 가압류신청진술서를 제출하지 아니하거나 고의로 진술사항을 누락하거나 허위로 진술한 내용이 발견된 경우에는 특별한 사정이 없는 한 보정명령 없이 신청을 기각할 수 있다."고 규정하였다. 이는 가압류신청의 남용을 막기 위한 취지라고 이해할 수 있다.

乙이 은행 등 금융기관인 丙에 대하여 갖고 있는 예금채권을 압류할 수 있다. 이러한 경우에는 일반적으로 압류와 동시에 '추심명령' 또는 '전부명령'을 함께 신청한다. 가압류채권자가 훗날 본안소송절차에서 집행권원인 확정판결 등을 얻게 되면 가압류를 본압류로 이전함과 동시에 추심명령 또는 전부명령을 받을 수 있다. 추심명령은 채권자 甲이 제3채무자인 丙으로부터 자기의 채권을 직접 받아 만족을 얻는 것을 말한다.

가압류신청진술서

채권자는 가압류신청과 관련하여 다음 사실을 진술합니다. 다음의 진술과 관련하여 고의로 누락하거나 허위로 진술한 내용이 발견된 경우에는 그로 인하여 보정명령 없이 신청이 기각되거나 가압류이의절차에서 불이익을 받을 것임을 잘 알고 있습니다.

2017. 1. 1.

채권자 ○ ○ ○(인)

다   음

1. 피보전권리(청구채권)와 관련하여

가. 채무자가 신청서에 기재한 청구채권을 인정하고 있습니까?

　　□ 예

　　□ 아니요 → 채무자의 주장의 요지 :

　　□ 기타 :

나. 채무자의 의사를 언제, 어떠한 방법으로 확인하였습니까?

다. 채권자가 신청서에 기재한 청구금액은 본안소송에서 승소할 수 있는 금액으로 적정하게 산출된 것입니까?

    ☐ 예   ☐ 아니요

2. 보전의 필요성과 관련하여

가. 채권자가 채무자의 재산에 대하여 가압류하지 않으면 향후 강제집행이 불가능하거나 매우 곤란해질 사유의 내용은 무엇입니까?

나. 채권자는 신청서에 기재한 청구채권과 관련하여 공정증서 또는 제소화해조서가 있습니까?

다. 채권자는 신청서에 기재한 청구채권과 관련하여 취득한 담보가 있습니까?

라. 〔채무자가 (연대)보증인인 경우〕 채권자는 주채무자에 대하여 어떠한 보전조치를 취하였습니까?

마. 〔다수의 부동산에 대한 가압류신청인 경우〕 각 부동산의 가액은 얼마입니까?

바. 〔유체동산 또는 채권가압류인 경우〕 채무자에게는 가압류할 부동산이 있습니까?

    ☐ 예   ☐ 아니요 → 채무자의 주소지 소재 부동산등기사항전부증명서 첨부

사. 〔"예"로 대답할 경우〕 가압류할 부동산이 있다면 부동산이 아닌 유체동산 또는 채권가압류신청을 하는 이유는 무엇입니까?

    ☐ 이미 부동산상의 선순위 담보 등이 부동산가액을 초과함 → 부동산등기사항전부증명서 및 가액 소명자료 첨부

    ☐ 기타사유 → 내용 :

아. 〔유체동산 가압류신청인 경우〕

　① 가압류할 유체동산의 품목, 가액은?

　② 채무자의 다른 재산에 대하여 어떠한 보전조치를 취하였습니까?
　　그 결과는?

3. 본안소송과 관련하여

가. 채권자는 신청서에 기재한 청구채권과 관련하여 채무자에 대하여 본안소송을
　제기한 사실이 있습니까?
　□ 예　　　□ 아니요

나. 〔"예"로 대답할 경우〕
　① 본안소송을 제기한 법원·사건번호·사건명은?

　② 현재 진행상황 또는 소송결과는?

다. 〔"아니요"로 대답할 경우〕 채권자는 본안소송을 제기할 예정입니까?
　□ 예 → 본안소송 제기예정일 :
　□ 아니요 → 사유 :

4. 중복가압류와 관련하여

가. 채권자는 신청서에 기재한 청구채권(금액불문)을 원인으로 이 신청 외에 채무자
　를 상대로 하여 가압류를 신청한 사실이 있습니까? (과거 및 현재 포함)

□ 예   □ 아니요

나. ("예"로 대답할 경우)

① 가압류를 신청한 법원·사건번호·사건명은?

② 현재 진행상황 또는 결과(취하/각하/인용/기각 등)는? (소명자료 첨부)

다. (다른 가압류가 인용된 경우) 추가로 이 사건 가압류를 신청하는 이유는 무엇입니까? (소명자료 첨부)

* 이 진술서에는 인지대 등 비용을 지출하지 않는다.
* 가압류신청서를 제출할 때에는 어떤 종류인지를 묻지 않고 이 진술서를 제출하도록 하고 있다. 그리고 채무자가 여러 명인 경우에는 채무자별로 따로 작성하도록 하고 있다.
* 대법원이 가압류신청인에게 이 서류를 제출하도록 요구하는 이유는 두 가지가 있을 것이다. 하나는 가압류신청의 진정성을 확보하는 것이다. 더불어 가압류신청의 남용을 방지하려는 것으로 해석된다.

가압류명령은 그 신속성으로 인하여 법원이 채권자와 채무자를 심문하지 아니한 채 채권자의 주장에만 의존하여 명령이 내려진다. 따라서 채권자인 가압류신청인의 과장 내지 허위주장이 개입할 여지가 많다. 그 결과 채무자에게 손해를 줄 가능성이 있고, 또 다른 분쟁이 생길 가능성도 있는 것이다. 이 가압류신청진술서는 나중에 있을 수도 있는 다른 분쟁에서는 결정적인 증거가 될 수 있다는 점에 유의하면서 작성하여야 할 것이다.

[유체동산가압류신청서]

유체동산 가압류신청

채권자 성명 ○ ○ ○(-   )
       주소
       전화번호

채무자 성명 ○ ○ ○(-   )
       주소

청구채권의 내용 : 돈 10,000,000원(대여금)

신 청 취 지

채무자 소유의 유체동산을 가압류한다. 라는 재판을 구합니다.

신 청 원 인

1. 채권자는 2015. 1. 1. 채무자에게 돈 10,000,000원을 연이율 24%로 약정하고, 변제기는 2016. 1. 1.로 정하여 대여한 사실이 있습니다.

2. 채권자는 채무자가 위 채권의 변제기가 지났음에도 불구하고 위 금원을 변제하지 아니하므로, 여러 차례에 걸쳐 갚을 것을 촉구한 사실이 있습니다. 그러나 채무자는 정당한 이유 없이 이를 변제하지 아니하고 있어 채무자를 상대로 소를 제기하기 위해

서 준비하고 있습니다.

3. 채무자는 이렇다 할 재산도 없으면서 낭비가 심한 사람이기 때문에 남아 있는 유체동산마저도 처분할 개연성이 높습니다. 따라서 남아 있는 유체동산만이라도 가압류를 해두지 아니하면 채권자가 소송에서 승소를 하더라도 그 집행이 불가능하거나 현저히 곤란할 것으로 예상되므로, 이 신청에 이르렀습니다.

소　명　자　료

1. 소갑 제1호증 차용증서
1. 소갑 제2호증 대여금 변제촉구서(내용증명우편)

첨　부　서　류

1. 위 소갑호증 각 사본 1통.
1. 가압류신청진술서 1통.
1. 송달료납부서 1통.

2017. 1. 1.

위 채권자　ㅇ　ㅇ　ㅇ(인)

○○지방법원 ○○지원 귀중

* 수입인지는 10,000짜리를 붙인다. 모든 가압류와 가처분신청서에는 공통적으로 수입인지 1만원짜리를 붙인다. 다만, 뒤에서 검토하게 될 가처분 중 '임시의 지위를 정하는 가

처분'의 경우만은 소송목적의 값의 2분의1에 해당하는 인지를 첨부(예납)하여야 한다.

* 송달료는 당사자의 수 × 3회분 × 3,700원에 해당하는 금액을 예납한다.

* 유체동산의 가압류는 가압류의 대상인 유체동산을 특정하는 것이 어려울 뿐만 아니라 구체적으로 특정할 필요도 없다. 이는 집행과정에서 집행관이 수색을 통하여 발견할 수밖에 없는 성질이기 때문이다.

* 부동산·준부동산(선박·자동차·건설기계·항공기)·채권 및 기타의 재산권을 가압류하는 경우에 채권자가 가압류를 신청하여 법원이 가압류명령을 한 때에는 법원사무관등이 등기·등록을 촉탁하고, 채권의 경우에는 제3채무자에게 송달하므로, 그 집행에는 채권자가 관여할 필요가 없다.

   그러나 유체동산에 대한 가압류의 경우에는 법원이 가압류명령을 한 뒤에 채권자가 그 결정문을 가지고 집행관을 찾아가서 집행위임(신청)을 한 때에만 집행에 착수하게 된다. 집행관은 위임을 받은 때로부터 보통 2주일 안에 집행을 한다. 집행방법에 있어서 집행관은 채권자가 지정하는 장소에 가서 채무자의 소유일 개연성이 높은 유체동산에 가압류를 집행한 물건이라는 표지(속칭 '딱지')를 붙이는 방법이다.

* 집행관수수료는 출장거리 등에 따라 다르므로, 법원 안에 있는 집행관사무실에 전화 등으로 미리 확인할 필요가 있다.

* 법원이 가압류결정을 할 때에는 채권자에게 담보의 제공을 명하는 것이 보통인데, 담보는 현금과 지급보증위탁계약체결문서(이른바 '보증보험증권')을 공탁하도록 한다. 그런데 유체동산에 대한 가압류에서는 다른 가압류나 가처분에 비하여 현금의 비중이 더 많은 것이 일반적인 관행이다(청구금액의 약 3분의2).

   만약 청구채권이 임금채권(체불임금)인 경우에는 고용노동부 산하 지방노동사무소(근로감독관)에서 교부해주는 '무공탁 가압류협조의뢰서'를 법원에 제출하면 참작이 되지만, 법원이 이에 구속되는 것은 아니다.

[부동산 가압류신청서]

부동산 가압류신청

채권자   성명 김 ○ ○(–   )

              주소

              전화번호

채무자   성명 이 ○ ○(–   )

  겸   주소

소유자   등기부상 주소

청구채권의 내용 : 돈 100,000,000원(임차보증금반환청구채권)

신 청 취 지

채권자의 채무자에 대한 위 청구채권의 집행을 보전하기 위하여 채무자 소유의 별지 목록 기재 부동산을 가압류한다.

라는 재판을 구합니다.

신 청 원 인

1. 채권자는 2014. 1. 1. ○○시 ○○구 ○○로 ○○○-○○에 있는 채무자 소유의 상가 건물에 관하여 임차보증금 100,000,000원, 임대차기간 24개월(만기 2016. 1. 1.)로 하는 임대차계약을 체결한 후 위 임차보증금 전액을 지급하고, 위 부동산을 현재까지

점유 · 사용하고 있습니다.

2. 채권자는 위 임대차계약기간이 만료됨에 따라 채무자에게 위 임차보증금의 반환을 청구하였으나, 채무자가 정당한 이유 없이 이에 불응하므로 채무자를 상대로 임차보증금반환청구의 소를 제기하기 위하여 준비를 하고 있습니다.

3. 그런데 채무자의 재산 중 눈에 띄는 것이라고는 별지 기재의 부동산이 유일한 것이어서 만일 채무자가 이를 처분해버리면 채권자는 위 소송에서 승소확정판결을 받더라도 그 집행이 불가능하거나 현저히 곤란할 것이 예상됩니다. 따라서 이 신청을 하게 되었습니다.

4. 채권자에게도 위 임차보증금이 총재산에 해당할 뿐만 아니라 위 임차건물에서 채권자가 운영하고 있는 일반음식점의 영업도 어려움에 처해있는 사정으로 현금을 동원할 형편이 되지 못하는 점 등을 헤아려 주시고, 담보의 제공에 관하여는 보증보험회사와 체결한 지급보증위탁계약체결문서로 제공할 수 있도록 선처하여 주시기 바랍니다.

소 명 방 법

1. 소갑 제1호증 부동산임대차계약서
1. 소갑 제2호증 부동산등기사항전부증명서
1. 소갑 제3호증 임차보증금반환청구서(내용증명우편)

첨 부 서 류

1. 위 소갑호증 각 1통.
1. 부동산목록 5통.
1. 가압류신청진술서 1통.

1. 등록세납세필통지서 1통

1. 송달료납부서 1통.

2017. 1. 1.

위 채권자 김 ○ ○(인)

○○지방법원 ○○지원 귀중

* 신청서에는 10,000짜리 인지를 붙인다.

* 송달료는 당사자의 수 × 3회분 × 3,700원에 해당하는 금액을 예납한다.

* 부동산의 보전처분(가압류 및 가처분)은 법원이 등기소에 등기를 촉탁함으로써 집행한다. 따라서 채권자(신청인)는 등기촉탁에 사용될 수 있는 등록세(교육세 포함)를 납부하고, 그 영수필통지서를 신청서와 함께 제출하여야 한다. 등록세는 채권액을 기준으로 1,000분의2(교육세는 등록세의 100분의2)에 해당하는 금액을 부동산의 소재지를 관할하는 시·군·구청에 납부한다.

  등록세를 납부하여야 할 지방자치단체를 예시하면 자동차는 등록지(등록지와 사용본거지가 다른 때에는 사용본거지), 선박은 선적항 소재지, 건설기계는 등록지, 항공기는 항공기의 정치장(定置場), 상표·서비스표는 주사무소 소재지를 관할하는 곳이 된다.

* 부동산에 대한 가압류나 가처분을 신청할 때에 채무자의 주소지와 등기부상 주소지가 다른 때에는 등기부상의 주소도 적어주어야 한다.

* 부동산목록은 부동산등기사항전부증명서의 표제부에 표시된 내용과 동일한 방법으로 작성한다.

[채권 가압류신청서]

채 권 가압류신청

채권자   성명
          주소
          전화번호

채무자   성명
          주소

제3채무자 성명 주식회사 ○○○○(대표이사 ○○○)
          주소

청구채권의 표시 : 돈 20,000,000원(대여금)

가압류할 채권의 표시 : 별지 목록과 같음

신 청 취 지

1. 채무자의 제3채무자에 대한 별지 목록 기재 채권을 가압류한다.

2. 제3채무자는 채무자에게 위 채무에 관한 지급을 하여서는 아니 된다.

3. 채무자는 위 채권을 처분하거나 영수를 하여서는 아니 된다.

라는 재판을 구합니다.

신 청 원 인

1. 채권자는 채무자에게 2013. 1. 1. 돈 20,000,000원을 대여한 사실이 있고, 그 지급기는 2014. 1. 1. 자로 약정하였습니다.

2. 그런데 채무자는 위 지급기가 지났음에도 채무를 변제하지 아니하므로, 채권자는 채무자를 상대로 대여금청구의 소를 제기하기 위하여 준비하고 있습니다.

3. 채무자는 제3채무자가 경영하는 위 주식회사 ○○○○ 내의 총무과에 대리의 직으로 재직 중이며, 만약 채무자가 위 회사를 퇴직하는 경우에는 채권자가 위 소송에서 승소확정판결을 받더라도 청구채권의 집행이 불가능하거나 매우 곤란할 것으로 예상 되는데, 채무자는 위 회사를 그만두고 미국으로 이민할 생각을 갖고 있다는 소문이 있습니다. 따라서 급히 가압류집행을 할 필요가 있다고 판단하여 이 신청을 하게 되었습니다.

4. 채권자는 하루하루 일용노동에 종사하여 생계를 꾸리고 있는 형편이라서 현금을 동원 할 능력이 되지 못하는 사정에 있음을 감안하시어 담보의 제공에 관하여는 보증보험 회사와 체결한 지급보증위탁계약체결문서로 제공할 수 있도록 허가하여 주시기 바랍 니다.

소 명 방 법

1. 소갑 제1호증 지불각서
1. 소갑 제2호증 내용증명우편(대여금지급청구서)
1. 소갑 제3호증 재직증명서
1. 소갑 제4호증 법인등기부등본

첨 부 서 류

1. 위 소갑호증 각 1통.

1. 가압류할 채권 목록 5통.

1. 가압류신청진술서 1통.

1. 송달료납부서 1통.

2017. 1. 1.

위 채권자 김 ○ ○(인)

○○지방법원 귀중

(별지)

가압류할 채권 목록

돈 20,000,000원

채무자가 제3채무자로부터 매월 수령하는 급료(기본급 및 제수당) 및 매년 6월과 12월에 수령하는 기말수당(상여금) 중 제세공과금을 뺀 잔액의 2분의 1씩 위 청구금액에 이를 때까지의 금액. 단, 위 금액에 이르지 아니한 사이에 채무자가 퇴직한 때에는 퇴직금 중 제세공과금을 뺀 잔액의 2분의 1로써 위 청구금액에 이를 때까지의 금액

---

* 인지는 10,000원짜리를 붙인다.

* 송달료는 당사자의 수(3) × 3회분 × 3,700원에 해당하는 금액을 예납한다.

* 임금에 대한 압류는 제세공과금을 제외하고 남은 것의 절반을 초과하여 압류할 수 없다(압류금지채권). 다만, 그 2분의 1이 월 300만원을 초과하는 때에는 초과하여 압류할 수 있다(압류금지채권 부분 참고).

* 임금을 압류할 때에는 채무자가 대형회사 등에 근무하는 경우에는 그의 소속까지 밝혀주

는 것이 일반적이다.

* 가압류명령을 발한 법원은 채권자에게 담보공탁을 명하며, 채권자가 공탁서를 법원에 제출하면 법원사무관등이 제3채무자와 채무자에게 송달을 함으로써 채권가압류의 집행은 종료된다.

[자동차 가압류신청서)

자 동 차 가 압 류 신 청

채권자   성명 ○ ○ ○(-   )

             주소

             전화번호

채무자   성명 ○ ○ ○(-   )

             주소

청구채권의 표시 : 돈 50,000,000원(위약금)

가압류할 자동차의 표시 : 별지 자동차등록원부의 표제부와 같음

신 청 취 지

채권자의 채무자에 대한 위 청구채권의 집행보전을 위하여 채무자 소유의 별지 자동차등록원부의 표제부에 기재된 자동차를 가압류한다.

라는 재판을 구합니다.

신 청 원 인

1. 채권자는 채무자에 대하여 별지 매매계약서에 터 잡은 위약금의 청구채권을 가지고 있습니다.
2. 채권자는 채무자에 대하여 위약금의 변제를 이행할 것을 여러 차례에 걸쳐 독촉한 사실이 있으나, 채무자는 정당한 이유 없이 이를 이행하지 않고 있습니다.
3. 따라서 채권자는 채무자를 상대로 위약금청구의 소를 제기하고자 준비를 하고 있는데, 채무자에게는 다른 재산이 발견되지 아니하므로, 위 자동차마저 처분해버리는 때에는 채권자가 본안소송에서 승소확정판결을 받더라도 그 집행이 불가능하거나 매우 곤란할 것으로 예상됩니다. 따라서 이 신청에 이르게 되었습니다.

소 명 방 법

1. 소갑 제1호증 매매계약서
1. 소갑 제2호증 자동차등록원부

첨 부 서 류

1. 위 소갑호증 각 1통.
1. 자동차등록원부의 표제부 사본 5통.
1. 가압류신청진술서 1통.
1. 등록세영수필통지서 1통.
1. 송달료납부서 1통.

2017. 1. 1.

위 채권자 ○ ○ ○(인)

○○지방법원 귀중

* 송달료는 당사자의 수 × 3회분 × 3,700원에 해당하는 금액을 법원 구내에 있는 은행 지점(또는 출장소)에 예납하고, 그 영수증인 송달료납부서를 신청서에 첨부한다. 송달료를 납부하는 모든 신청서에는 이 영수증을 붙여야 한다.

* 자동차에 대한 가압류나 가처분은 그 명령을 발령한 법원의 법원사무관등이 자동차등록부에 등록하도록 촉탁을 함으로써 집행하게 된다. 따라서 채권자는 이 신청서에 등록세(교육세 포함)를 납부하고, 그 영수증인 등록세영수필통지서를 이 신청서와 함께 법원에 제출하여야 한다.

* 등록세는 시청 · 구청(특별시 · 광역시의 경우) · 군청에 납부하여야 한다. 등록세는 채권자의 청구금액을 기준으로 1,000분의2에 해당하는 금액이며, 교육세는 등록세액을 기준으로 그에 대한 20%에 해당하는 금액을 한꺼번에 납부한다. 납부할 세액이 3,000원에 미달하는 때에는 3천 원을 납부한다.

* 부동산이나 자동차에 대한 가압류 · 압류 · 가처분을 할 때에는 신청서에 목록을 첨부하여 제출하여야 하는데, 자동차의 경우에는 자동차등록원부의 표제부를 복사하여 이를 대체할 수 있다. 그리고, 건설기계는 건설기계등록원부의 갑부를, 선박은 선박원부등본 또는 어선원부등본의 앞쪽을, 동력수상레져기구의 경우에는 동력수상레져기구등록부등본의 앞쪽을 각 복사하여 제출하면 된다.

(각종 가압류 대상 채권의 표시방법)

(임금채권)

청구금액 돈   원

채무자가 제3채무자로부터 매월 지급받는 임금 및 제수당 중 근로소득세 등 제세공과금을 공제한 실수령액의 2분의 1씩 위 청구채권에 이를 때까지의 금액. 단, 퇴직할 경우에는 제세공과금을 공제한 그 퇴직금의 2분의 1에 해당하는 금액 중 위 청구채권에 이를 때까지의 금액

(배당요구채권)

청구금액 돈   원
채무자가 제3채무자의 부동산에 대한 서울중앙지방법원 2015타경○○○호 부동산강제경매사건의 매각대금 중에서 수령할 배당요구채권 중 위 청구채권

(임대차보증금반환청구채권)

청구금액 돈   원
채무자와 제3채무자가 별지 부동산 목록에 적은 건물에 대한 임대차계약을 해지할 경우(또는 임대차기간이 만료될 경우) 채무자의 임대차보증금반환청구채권 중 위 청구금액

(공사대금청구채권)

청구금액 돈   원

서울 강남구 ○○동 321-12 ○○아파트 신축공사 중 철근콘크리트공사 등에 관하여 2017. 1. 1. 채무자와 제3채무자 주식회사 ○○건설 사이에 공사비 돈 100,000,000원으로 정하여 체결한 공사도급계약상 채무자의 제3채무자에 대한 공사비청구채권 중 위 청구금액

(예금반환청구채권)

청구금액 돈   원

채무자가 제3채무자에 대하여 갖는 돈 100,000,000원의 예금반환청구채권 중 위 청구금액에 달할 때까지 채무자의 계좌에 입금되는 예금채권액(계좌번호 : 국민은행 역삼동지점 000-00-00000, 예금주 홍길동)

(약속어음금청구채권)

청구금액 돈   원

채무자가 제3채무자에 대하여 갖는 아래 표시의 약속어음금청구채권

아   래

약속어음의 표시

　발행인 홍길동

　액면금 돈 10,000,000원

　지급일 2017. 11. 11.

　지급지 서울특별시

(토지수용보상금청구채권)

청구금액 돈   원

제3채무자가 안성시 공도면 ○○길 123-12 일대 도로공사를 시행함에 있어, 도로에 편입되는 상용도로 부분을 협의수용을 하면서 채무자 소유의 위 같은 리 123-13 대 320㎡의 수용토지에 대한 협의보상금으로 채무자가 제3채무자로부터 지급받을 돈 100,000,000원의 청구채권 중 위 청구금액

(각종 가압류의 목적물 목록의 표시방법)

(전세권)

청구금액 돈   원

가압류할 전세권의 표시

별지 목록 기재와 같음

(별지목록)

가압류할 채권의 표시

돈 60,000,000원

채무자가 아래에 기재한 부동산에 대하여 ㅇㅇ지방법원 ㅇㅇ등기소 2015. 5. 6. 접수 제ㅇㅇ호로 등기한 전세권

부동산목록

1. ㅇㅇ시 ㅇㅇ동 ㅇㅇㅇ-ㅇㅇ

   공장용지 1200.3㎡
2. 위 지상

   철근콘크리트조 슬래브지붕 단층 공장

   525.12㎡

(특허권)

청구금액 돈   원

가압류할 특허권의 표시

별지 목록 기재와 같음

(특허권목록)

가압류할 특허권

특허권 등록번호   제○○○○○호
고안의 명칭   ○○○○기계의 제조장치
출원 연원일   1995. 2. 3.
공고 연월일   1995. 6. 3.
출원공고번호   1995. 제○○○○○호
사정 연월일   1996. 4. 4.
등록 연월일   1996. 7. 7.
등록 권리자   주식회사 ○○○○

* 특허권을 비롯한 지식재산권(실용신안권, 디자인권, 상표권 등)의 집행은 집행법원의 촉
  탁에 의하여 등록을 하게 된다.

(근저당권부채권)

청구금액 돈　　　　원

<h3 style="text-align:center">가압류할 채권 및 저당부동산의 표시</h3>

별지 목록 기재와 같음

(별지목록)

<h3 style="text-align:center">가압류할 채권의 표시</h3>

채무자가 제3채무자에 대하여 갖는 아래 목록에 적은 부동산에 대한 2015. 5. 5. 서울
중앙지방법원 접수 제○○○○호 채권최고액 돈 50,000,000원, 채무자 ○○○으로
등기를 마친 근저당권설정등기에 터 잡은 피담보채권

<h3 style="text-align:center">부동산의 표시</h3>

1. 서울 ○○구 ○○로 222-22
　　대 911㎡
2. 위 지상
　　벽돌조 시멘트 기와지붕 단층 주택
　　402.33㎡

(선박)

청구금액 돈   원

가압류할 선박의 표시

선박의 종류 및 명칭   기선 제○○○○호

선적항   인천항

선질   강

총톤수   150톤

순톤수   103톤

기관의 종류 및 수   디젤발동기 2기

추진기의 종류 및 수   나선추진기 2기

진수 연월일   2011. 7. 7.

선박의 정박항   인천항

소유자   ○○○해운 주식회사

(자동차)

가압류할 자동차의 표시

자동차명	고속버스
자동차등록번호	○○나○○○○
형식	○-○○○○-○○○-○○○
차대번호	KLBUD22SHNP○○○○○
사용의 본거지	서울 ○○구 ○○길 ○○○-○○
원동기의 형식	D○○○○
소유자	주식회사 ○○○○

* 자동차의 경우에는 자동차등록원부의 갑구를 사본하여 제출함으로써 목록에 대체할 수도 있다. 건설기계의 경우에도 마찬가지이다.

(건설기계)

가압류할 건설기계의 표시

건설기계등록번호	서울○○-○○○○호
건설기계명	굴삭기
형식	SE○○
규격	4.3톤
건설기계차대일련번호	○○S○○○○
원동기명 및 형식	○○TL-DB(○○○○○)
등록일자	2012. 10. 10.
사용본거지	서울 ○○구 ○○동
소유자	○○○

[채권자의 각종 채권 표시방법]

(대여금)

피보전권리의 표시(또는 신청채권의 표시)

채권자가 채무자에 대하여 갖는 대여금반환청구채권

(구상금)

피보전권리의 표시

채권자가 채무자에게 갖는 구상금청구채권

(계약금 및 위약금)

피보전권리의 표시

채권자와 채무자 사이에 2016. 5. 31. 체결한 부동산임대차계약에 의하여 채권자가 채무자에게 계약금으로 지급한 돈 5,000,000원 및 위 계약에 의하여 채권자가 채무자에 대하여 갖는 위약금 돈 5,000,000원의 청구채권을 합한 금액

(부당이득금)

피보전권리의 표시

서울북부지방법원 2014타경○○○○호 부동산강제경매신청사건의 매각대금 중 채무자가 배당금으로 수령하여 생긴 부당이득금반환청구채권

(약속어음금)

피보전권리의 표시

발행일 2015. 7. 30, 지급일 2015. 9. 30, 액면금 30,000,000원, 어음번호 제○○○
○○, 발행인 주식회사 ○○○건설, 수취인 홍길동으로 적힌 약속어음금청구채권

(대여금)

피보전권리의 표시

2015. 8. 8. 채권자와 채무자 사이에 이자 월 2.5%, 변제기 2016. 9. 30.로 약정한
대여금반환청구채권

(임대차보증금)

피보전권리의 표시

2014. 9. 30. 서울 ○○구 ○○길 ○○○-○에 있는 2층 점포 95㎡에 대하여 채권자와
채무자 사이에 체결한 임대차계약의 만료(만료일 : 2016. 9. 30.)로 인한 임대차보증금
반환청구채권

다. 담보의 제공과 그 방식

　채권자가 법원에 가압류신청서를 제출하면 법원은 가압류명령을 발하기 전에 채권자에게 담보를 제공하도록 요구한다. 담보를 제공하게 하는 이유는 채권자의 무모한 가압류의 집행으로 인하여 채무자가 입게 될 수도 있는 손해에 대비하기 위한 것이다.

　가압류의 명령절차와 가압류의 집행절차는 신속을 요하는 절차이므로, 법원은 채권자가 미리 은행이나 보증보험회사와 지급보증위탁계약을 체결하고, 그 계약체결문서(일명 '보증보험증권')를 가압류신청서와 함께 제출하면 담보를 제공한 것으로 인정하여 가압류명령을 발하는 것이 실무상의 관행이다.

　담보의 제공과 방식에 관하여 재판예규 제1231호가 규정하고 있는 내용은 다음과 같다.

「재판예규 제1231호」

채권자가 부동산·자동차·건설기계 또는 금전채권에 대한 가압류신청을 하는 경우에 이 예규가 적용되며, 급여채권과 영업자예금채권을 가압류할 때에는 지급보증위탁계약체결문서를 미리 제출하는 방식으로 가압류신청을 할 수 없다. 위 문서는 각 채권자별, 각 채무자별로 작성되어야 하며, 가압류신청서에는 허가신청의 의사표시를 기재하여야 한다(예 : 담보제공은 공탁보증보험증권(○○보험 주식회사, 증권번호 제○○○-○○○-○○○호)를 제출하는 방법에 의할 수 있도록 허가하여 주시기 바랍니다.).

보증금액은 다음과 같다.
1. 부동산·자동차·건설기계에 대한 가압류 신청사건 : 청구금액(원금만을 기준으로 하고, 이자·지연손해금 등은 포함하지 않는다)의 10분지 1(10,000원 미만은 버림)

---

2. 금전채권에 대한 가압류 신청사건 : 청구금액의 5분지 2(다만, 법원이 지역 사정 등을 고려하여 별도의 기준을 정한 경우에는 그 금액)

(가압류채권자가 제공할 담보의 기준표)

가압류의 목적물	청구채권 대비 담보비율	담보제공 방법
부동산	10분의 1	보증보험증권(금융기관 또는 보증보험회사와 체결한 지급보증위탁계약서)
자동차·건설기계	10분의 1	보증보험증권 또는 현금
유체동산	10분의 8	10분의 4는 현금
채권 및 그 밖의 재산권	10분의 4	임금 및 영업자의 예금의 경우 10분의 2는 현금

라. 가압류신청의 효과(소멸시효의 중단)

「민법」 제168조에서 가압류를 채권의 소멸시효 중단사유로 정하고 있는 것은 가압류에 의하여 채권자가 권리를 행사하였다고 평가할 수 있기 때문이다.

가압류에 의한 집행보전의 효력이 존속하는 동안에는 가압류채권자에 의한 권리행사가 계속되고 있다고 보아야 하므로, 가압류에 의한 시효중단의 효력은 가압류의 집행보전의 효력이 존속되는 동안에는 계속된다.

민법 제168조에서 가압류와 재판상의 청구를 별도의 시효중단사유로 규정하고 있음에 비추어 보면 가압류의 피보전채권에 관하여 본안의 승소판결이 확정되었다고 하더라도 가압류에 의한 시효중단의 효력이 이에 흡수되어 소멸된다고 할 수 없다(대법원 2000다11102 판결)

사망한 사람을 피신청인으로 한 가압류신청은 부적법하고 그 신청에 따른 가압류결정
이 내려졌다고 하여도 그 결정은 당연 무효로서 그 효력이 상속인에게 미치지 않으며,
이러한 당연 무효의 가압류는 민법 제168조 제1호에 정한 소멸시효의 중단사유에 해당
하지 않는다(대법원 2006. 8. 24. 선고 2004다26287, 26294).

5. 법원의 심리(審理) 및 재판

가. 심리절차

가압류의 신청서에는 「민사소송법」의 소장에 관한 규정이 준용된다. 따라서 가압류
신청서를 접수한 법원은 심리에 앞서 신청서의 형식적인 적법 여부를 심사한다. 신청
서에 흠이 있는 때에는 상당한 기간을 정하여 보정을 명하고, 채권자가 위 보정기간
안에 흠을 보정하지 않거나 보정할 수 없는 경우에는 신청서를 명령으로 각하한다.

신청서에 흠이 없거나 흠을 보정한 경우에는 피보전권리 및 보전의 필요성이 적절
한지 등 실체적인 사항을 심리한다. 심리 과정에서 관할위반이 발견되면 관할권이 있
는 법원으로 이송하여야 하지만, 법원의 실무관행은 채권자로 하여금 신청을 취하한
다음 관할법원에 다시 신청서를 제출하도록 권하고 있다. 신속성과 밀행성을 고려한
조치이다.

가압류신청에 대한 재판은 변론 없이 할 수 있다. 다만, 가압류에 대한 이의의 재
판, 담보제공이나 사정변경을 이유로 하는 가압류취소의 재판은 반드시 변론을 열어야
한다.

가압류신청에 대한 재판절차는 증거조사방법을 즉시 조사할 수 있는 것으로 제한하
는 외에는 그 성질에 반하지 아니하는 한 원칙적으로 「민사소송법」 제134조 이하의 규

정들이 준용된다(법 제23조제1항). 따라서 변론기일의 지정, 변론의 병합 및 분리, 처분권주의, 청구의 인낙·포기, 재판상 자백, 재판상 화해 및 변론조서에 관하여는 통상의 민사소송절차에 관한 규정들을 가압류의 재판절차에 준용한다고 해석된다.

청구채권이나 가압류의 이유를 소명하지 아니한 때에도 가압류로 인하여 생길 수 있는 채무자의 손해에 대하여 법원이 정한 담보를 제공한 때에는 법원은 가압류를 명할 수 있다. 이 담보를 '소명의 대용'이라고 하는데, 이는 보전소송의 신속성을 고려하여 소명이 곤란할 경우에 그 소명을 하고자 하는 자가 주장의 진실성을 담보하기 위하여 국가에 대한 보증을 제출하게 한 것이다. 따라서 이는 보전처분으로 인하여 채무자가 입게 될 수도 있는 손해를 담보하기 위한 이른바 '손해담보를 위한 보증'과는 그 성질을 달리한다. 이 담보의 피공탁자는 국가이고, 보증금을 공탁한 채권자 또는 그의 법정대리인이 거짓의 진술을 한 때에는 법원은 결정으로 보증금을 몰취한다.

청구채권과 가압류의 이유를 소명한 때에도 법원은 담보를 제공하게 하고 가압류를 명할 수 있다. 담보를 제공한 때에는 그 담보의 제공과 담보제공의 방법을 가압류명령에 적어야 한다(법 제280조). 채무자에게도 그 뜻을 알려야 하기 때문이다.

법관이 진실에 대한 고도의 개연성에 이르는 확신을 갖게 하는 것을 '증명'이라고 함에 비하여 '소명'은 그보다는 낮은 개연성, 즉 법관이 일응 확실할 것이라는 추측을 하게 하는 정도를 말한다.

소명의 방법은 즉시 조사할 수 있는 증거에 의함이 원칙이다. 소명을 위하여 서증신청이나 증인신문신청을 할 수는 없지만, 증인의 진술서를 미리 작성하여 제출하는 것은 허용될 수 있을 것이다.

소명의 대상은 피보전권리의 존재 및 보전의 필요성에 관한 것이다. 법원의 직권조사사항인 소송요건(관할, 당사자능력, 대리권 등)은 증명의 대상이다.

변론과는 다른 절차로는 심문이 있다. 법원이 서면심리만으로는 소명자료가 부족하다고 느끼거나 채권자의 주장이 분명하지 아니하여 이를 명확히 할 필요가 있을 때에는 채권자로 하여금 주장을 정리하고, 소명자료를 보충하도록 한다. 경우에 따라서는 이해관계인이나 참고인의 진술을 듣기도 하는데, 이러한 절차를 심문절차라고 한다.

심문은 일정한 방식이 정해진 것은 없으므로, 서면이나 말로 진행하며, 일반적으로 공개를 할 필요도 없다. 그리고 당사자를 대석(對席)하게 할 필요도 없다. 그러나 심문 기일에는 반드시 조서를 작성하여야 한다.

심문은 변론에 관한 규정들을 준용하지 않는다. 따라서 심문절차가 종결된 뒤에도 결정이 있기 전에는 소명자료를 제출할 수 있고, 신청취지와 신청원인을 변경하는 것도 가능하다.

나. 가압류명령의 재판

가압류신청이 당사자능력, 소송능력, 당사자적격 등 소송요건을 갖추지 못한 때 또는 법원이 명한 담보를 제공하지 아니한 때에는 신청각하결정을 하고, 가압류신청이 피보전권리나 보전의 필요성을 소명하지 아니한 경우에는 신청기각결정을 한다.

피보전권리의 일부가 이유 없는 경우에는 일부기각의 재판을 한다. 가령 청구채권이 여러 개인 가압류신청사건에서 일부채권에 대하여는 인용을 하고, 나머지 일부채권에 대하여는 기각결정을 하는 경우이다. 이때에는 인용하는 채권의 금액만을 결정에 표시하고, 나머지 신청을 기각한다는 주문을 낸다.

가압류신청을 인용하는 재판은 결정으로 한다. 담보를 제공하게 하는 재판과 가압류신청을 기각하거나 각하하는 재판은 채권자(신청인)에게는 알리지만, 채무자에게는 고지할 필요가 없다.

가압류의 명령에는 가압류의 집행을 정지시키거나 이미 집행한 가압류를 취소시키기 위하여 채무자가 공탁할 금액을 적어야 한다. 이를 '가압류해방공탁금'이라고 한다.

가압류명령의 절차를 요약하면, ① 채권자의 가압류신청서 제출 → ② 법원의 채권자에 대한 담보제공명령 → ③ 채권자의 담보제공 → ④ 법원의 가압류명령 → ⑤ 법원 또는 채권자의 가압류의 집행이 그 순서로 된다.

위의 절차 중 ①과 ③의 절차는 일반적으로 동시에 이루어진다. ⑤의 단계는 부동산·건설기계·자동차·선박·항공기·공업소유권(특허권, 실용신안권, 디자인권, 상표권 등)과 같이 등기나 등록으로 공시되는 대상물에 대한 집행은 가압류결정을 한 법원의 사무관등이 등기 또는 등록을 촉탁함으로써 가압류를 집행한다. 따라서 채권자는 이러한 물건이나 권리를 대상으로 가압류신청서를 제출할 때에는 등기나 등록에 필요한 비용을 미리 납부하고, 그 영수증서 등을 가압류신청서에 첨부하여 제출하여야 한다.

그러나 그 목적물이 유체동산인 경우에는 법원으로부터 송달 받은 가압류결정을 채권자가 집행관에게 제출하면서 집행을 위임하여 집행한다. 가압류의 집행절차에 관하여는 뒤에서 자세히 살피기로 한다.

앞에서 살핀 바와 같이 가압류의 결정절차와 가압류의 집행절차가 엄격히 구분되는 경우는 유체동산에 대한 가압류절차뿐이라는 것을 알 수 있다. 부동산, 준부동산 및 채권에 대한 가압류절차에서는 위 두 개의 절차를 명확히 구별하는 것이 쉽지 아니함을 보았다. 이들 절차는 가압류의 명령절차와 집행절차를 모두 법원이 담당하기 때문이다.

그렇지만, 이들 결정(명령)절차와 집행절차를 구별할 실익은 뒤에서 검토하게 될 불복절차 및 취소절차 등에서 나타난다.

다. 가압류해방공탁금 및 담보제공명령

가압류신청에 대한 재판은 변론 없이 할 수 있다(법 제280조). 신속한 절차를 위하여 거의 모든 가압류신청에 대한 재판은 변론 없이 진행하고 있는 것이 실무의 관행이다.

실무상 모든 가압류신청사건에서는 담보제공을 명하고, 담보가 제공되는 즉시 가압류명령을 한다. 채권자가 이 담보를 제공하는 방법 등에 관하여는 앞에서 검토하였다. 이 담보는 가압류의 집행으로 인하여 채무자가 입게 될 수도 있는 손해를 담보하는 것이므로, 채무자는 이 담보에 관하여 질권자와 같은 권리를 갖는다. 담보액의 결정은 소명의 정도, 채무자가 입게 될 예상손해액, 채권자의 자력(資力) 등 여러 사정을 고려하여 법원이 재량으로 정한다.

가압류의 명령에는 가압류의 집행을 정지시키거나 이미 집행한 가압류를 취소시키기 위하여 채무자가 법원에 공탁할 해방공탁금의 금액을 적는다. 이 공탁금은 가압류의 집행에 의하여 불측의 일격을 받을 수도 있는 채권자의 재산권행사를 보장하고자 하는 것이므로, 채무자가 반드시 가압류해방금을 공탁하여야 하는 것은 아니다. 그러나 채무자가 집행된 가압류명령을 정지 또는 취소되게 하기 위해서는 반드시 법원이 정한 금액을 공탁하여야 한다. 제3자가 채무자를 대신하여 공탁하는 것도 허용되지 않는다. 그리고 이 공탁금은 반드시 현금으로만 제공되어야 한다.

채무자는 이 가압류해방금을 일부만 공탁하고 가압류명령 중 일부만의 취소를 구할 수는 없고, 법원도 해방금 전액이 공탁되면 반드시 가압류명령을 전부 취소하여야 한다. 채무자가 채권자에게 담보를 제공한 것과 마찬가지이기 때문이다.

가압류집행의 목적물에 갈음하여 가압류해방금이 공탁된 경우에 그 가압류의 효력은 공탁금 자체가 아니라 공탁자인 채무자의 공탁금회수청구권에 대하여 미치는 것이므로, 채무자의 다른 채권자가 가압류해방공탁금 회수청구권에 대하여 압류명령을 받은 경우에는 가압류채권자의 가압류와 다른 채권자의 압류는 그 집행대상이 같아 서로 경합[10]하게 된다(대법원 95마252).

가압류해방금액은 채무자가 입을 수 있는 손해를 담보하는 취지의 이른바 소송상의 담보와는 달리 가압류의 목적물에 갈음하는 것으로서 금전에 의한 공탁만이 허용되고, 유가증권에 의한 공탁은 그 유가증권이 실질적 통용가치가 있는 것이라고 하더라도 허용되지 않는다(대법원 96마162).

라. 가압류명령의 효력

가압류명령의 효력은 재판이 고지된 때에 발생함이 원칙이다. 가압류명령이 채무자에게 송달되기 전에 집행을 하는 경우에는 그 집행을 착수한 때에 비로소 채무자가 가압류명령이 발령된 사실을 알게 될 것이므로, 그 때에 효력이 생긴다고 해석하여야 할 것이다.

가압류명령에 대하여 경정결정이 있는 경우에도 최초의 결정 당시에 소급하여 효력이 생기는 것이 원칙이다. 다만, 채권에 대한 가압류결정의 경우에는 제3채무자가 채권가압류결정을 송달받은 때에 비로소 가압류의 집행사실을 알게 되는 것이므로, 이 경우에도 경정결정의 효력을 소급시켜 인정한다면 제3자의 지위에 있는 제3채무자에게는 가혹한 결과를 초래할 수도 있다. 따라서 제3채무자에 대하여는 경정결정이 송달된 때에 가압류의 효력이 생기는 것으로 해석하는 것이 대법원의 입장이다(대법원 2003다 29937 판결 참조).

가압류신청에 대하여 법원이 기각이나 각하결정을 하면 채권자가 즉시항고를 할 수 있고, 인용결정에 대하여는 채무자가 이의신청을 할 수 있다. 이와 같은 즉시항고 또는 이의신청이 없는 한 가압류명령을 발령한 법원은 스스로 가압류명령을 취소 또는 철회할 수 없다. 이를 '구속력'이라고 한다.

가압류명령은 채권자에게 고지되면 확정되기 전일지라도 즉시 집행력을 갖는다. 따라서 당사자의 승계가 없는 한 집행문 없이 집행에 착수할 수 있다.

---

10) 경합(競合) : 일반적으로 물권(物權)인 근저당권, 전세권, 지상권, 질권 등은 그 권리의 취득 시기에 따라 선후(先後)가 정해진다. 그러나 채권은 원칙적으로 선후가 없으므로, 복수의 압류·가압류가 집행되면 경합하게 된다. 서로 경합하는 채권자는 훗날 배당절차에 참가할 수 있다.

6. 가압류 결정에 대한 불복(不服)

가. 채권자가 하는 즉시항고

가압류를 기각 또는 각하하는 결정에 대하여 채권자는 즉시항고11)를 할 수 있다(법 제281조). 이 즉시항고는 「민사소송법」의 즉시항고를 준용한다. 따라서 재항고도 가능하다.

여기에서는 기각과 각하를 구별하고 있지만, 이 결정에는 기판력(既判力)12)이 인정되지 아니하므로, 이들을 구별할 실익은 없다. 기각과 각하의 결정은 채무자에게는 통지하지 않는다.

아래의 판례에서 취급하고 있는 즉시항고는 채권자의 가압류신청을 인용한 결정에 대하여 채무자가 이의신청을 하고, 그 이의신청에 관하여 한 재판에 불복하는 채권자 (가압류신청인)가 제기한 즉시항고이다.

> 가압류이의신청에 대한 재판은 집행절차에 관한 집행법원의 재판에 해당하지 아니하므로, 그에 대한 즉시항고에는 민사집행법 제15조가 적용되지 않고, 민사소송법의 즉시항고에 관한 규정이 적용된다.
>
> 민사소송법상 항고법원의 소송절차에는 항소에 관한 규정이 준용되는데, 민사소송법은 항소이유서의 제출기한에 관한 규정을 두고 있지 아니하므로, 가압류이의 신청에 대한 재판의 항고인이 즉시항고이유서를 제출하지 아니하였다거나 그 이유를 적어내지 아니하였다는 이유로 그 즉시항고를 각하할 수는 없다(대법원 2008 마145).

---

11) 즉시항고(即時抗告) : 즉시항고는 결정을 고지 받은 때부터 7일 이내에 제기하여야 한다.
12) 기판력(既判力) : 기판력은 일단 판결이 확정된 다음에는 같은 사건으로 다시 판결을 받거나 판결을 번복하지 못하는 효력을 말한다.

나. 채무자가 하는 이의신청

채무자는 가압류결정에 대하여 이의신청을 할 수 있다. 이의신청에는 가압류의 취소나 변경을 구하는 이유를 밝혀야 한다. 이의신청은 가압류의 집행을 정지하지 아니한다(법 제283조). 채무자에게는 즉시항고를 허용하지 않는다.

이의신청에는 기간의 제한은 없다. 그러나 가압류집행이 본집행으로 이행(移行)된 후에는 이의신청에 의하여 가압류집행 자체의 취소를 구할 실익이 없다. 가압류집행은 본집행(본안판결에 터 잡은 집행)에 흡수되어 그 효력이 없어지기 때문이다.

이의신청이 있으면 법원은 변론기일 또는 당사자 쌍방이 참여할 수 있는 심문기일을 정하고, 이를 당사자에게 통지하여야 한다. 이의신청에 대한 재판은 결정으로 한다. 이 결정에는 이유를 적어야 한다. 다만, 변론을 거치지 아니한 경우에는 이의의 요지만을 적을 수 있다.

법원은 이 결정으로 가압류의 전부나 일부를 인가·변경 또는 취소할 수 있다. 이 경우에는 적당한 담보를 제공하도록 명할 수 있다.

법원이 가압류결정을 취소하는 결정을 하는 때에는 채권자가 그 고지를 받은 날부터 2주를 넘지 아니하는 범위 내에서 상당하다고 인정하는 기간이 경과하여야 그 결정의 효력이 생긴다는 뜻을 선언할 수 있다. 이의신청에 대한 결정에 대하여는 채권자가 즉시항고를 할 수 있다. 그러나 이 즉시항고에는 「민사소송법」 제447조를 준용하지 않는다(법 제286조). 즉, 이 즉시항고에는 집행정지의 효력이 없다. 따라서 채권자가 즉시항고를 할 때에는 가압류결정의 효력정지신청 또는 취소신청을 하여야 할 것이다. 이를 위하여 2주 이내의 효력발생 유예기간을 주는 것이다.

제3자는 이의신청이나 즉시항고를 하지 못한다. 다만, 제3자이의의 소[13]를 제기하는 것은 가능하다.

법원은 가압류이의신청사건에 관하여 현저한 손해 또는 지연을 피하기 위한 필요가

---

13) 제3자이의의 소 : 제3자이의의 소는 소유권을 가지거나 목적물의 양도나 인도(引渡)를 막을 수 있는 권리를 가진 제3자(채권자와 채무자 아닌 자)가 제기하는 소(訴)를 말한다.

있는 때에는 직권으로 또는 당사자의 신청에 따라 결정으로 그 가압류사건의 관할권이 있는 다른 법원으로 이송할 수 있다. 다만, 그 법원이 심급(審級)을 달리하는 경우에는 그러하지 아니하다(법 제284조). 이 규정의 취지는 가압류결정을 한 법원이 그 결정을 스스로 뒤집는 것이 곤란한 경우에 대비한 것으로 해석된다. 본안사건이 계속되고 있는 법원이 있는 경우에 그 본안법원으로 이송할 수 있는 길을 열어둔 것으로도 해석할 수 있을 것이다.

관할 및 이송과 관련하여 사족을 달자면, 「민사집행법」상의 모든 관할은 전속관할[14]이기 때문에 관할위반임이 밝혀지면 반드시 관할권이 있는 법원으로 이송을 하여야 한다. 그러나 본안사건이 계속중인 이유로 보전처분의 관할법원이 된 경우에서 본안사건이 이송되었다고 하여 보전처분의 관할권이 소멸하는 것은 아니다.

대법원에 따르면 관할권이 없는 법원이 보전처분을 발령하고, 집행을 했더라도 당사자가 이의를 제기하지 아니한 경우에는 그 보전처분이 당연무효로 되는 것은 아니라고 한다.

[가압류결정에 대한 이의신청서]

<table>
<tr><td colspan="3" align="center">**가압류결정에 대한 이의신청**</td></tr>
<tr><td>신청인</td><td>김 ○ ○</td></tr>
<tr><td>(채무자)</td><td>주소 :</td></tr>
<tr><td></td><td>전화번호 :</td></tr>
<tr><td>피신청인</td><td>박 ○ ○</td></tr>
<tr><td>(채권자)</td><td>주소 :</td></tr>
<tr><td></td><td>전화번호 :</td></tr>
</table>

---

14) 전속관할(專屬管轄) : 특정 소송사건을 전담하는 법원의 관할

제3채무자   주식회사 ○○○○(대표이사 ○○○)

           주사무소 :

위 당사자 사이의 귀원 2015카단○○○○호 채권가압류신청사건에 관하여 채무자는 다음과 같이 이의를 신청합니다.

신 청 취 지

1. 이 사건에 관련한 2014. 9. 9.자 당원의 채권가압류결정(2014카단○○○○호)은 이를 취소한다.
2. 채권자의 위 채권가압류신청은 이를 기각한다.
3. 소송비용은 채권자의 부담으로 한다.
4. 제1항은 가집행할 수 있다.

라는 결정을 구합니다.

신 청 이 유

1. 채권자는 채무자에 대하여 돈 25,000,000원의 채권이 있음을 주장하면서 그 집행보전을 위하여 채무자의 근저당권부채권에 대한 채권가압류명령을 귀원에 신청함으로써, 귀원으로부터 채권가압류명령을 받았습니다.
2. 채권자가 주장하는 위 채권(대여금)은 2014. 5. 5. 채무자가 전액 변제하였습니다. 따라서 위 채권가압류결정은 취소되어야 마땅하므로 이의를 신청합니다.

<pre>
┌───┐
│   소   명   방   법   │
│   │
│ 1. 채권압류결정 정본 1통.   │
│ 1. 영수증 1통   │
│ 1. 이의신청서 부본 1통.   │
│ 1. 송달료납부서 1통.   │
│   │
│   │
│   2015. 2. 2.   │
│   │
│   위 이의신청인(채무자) 김 ○ ○(인)   │
│   │
│ ○○지방법원 귀중   │
│   │
└───┘
</pre>

* 이의신청서에는 2,000원짜리 인지를 붙인다.

* 송달료는 당사자의 수 × 8회분 × 3,700원에 해당하는 금액을 예납한다. 인지대와 송달료 모두 가처분결정에 대한 경우에도 같다. 가처분의 경우에는 이 서식에서 '가압류'를 '가처분'으로 바꾸기만 하면 동일하다.

* 가압류나 가처분은 본집행절차가 아니므로, 절차상의 이유는 물론 실체법상의 이유도 모두 이의사유가 된다.

다. 이의신청에 대한 법원의 결정

채무자가 이의신청서를 제출하면 법원은 변론기일 또는 당사자 쌍방이 참여할 수 있는 심문기일을 정하고, 당사자에게 통지하여야 한다.

심리를 종결하고자 할 때에는 상당한 유예기간을 두고 심리를 종결할 기일을 정하여 당사자에게 고지하는 것이 원칙이나, 변론기일 또는 당사자 쌍방이 참여할 수 있는 심문기일에는 즉시 종결할 수 있다(법 제286조제1항 · 제2항).

법원은 이의신청에 대한 결정을 함에 있어 가압류의 전부나 일부를 인가 · 변경 또는 취소할 수 있다. 이 경우에는 채무자에게 적당한 담보를 제공하도록 명할 수 있다.

가압류를 취소하는 결정을 하는 경우에는 채권자가 그 고지를 받은 날부터 2주를 넘지 아니하는 범위 안에서 상당하다고 인정하는 기간이 경과하여야 그 결정의 효력이 생긴다는 뜻을 선언할 수 있다(법 제286조제5항 · 제6항).

라. 가압류취소결정에 대한 효력정지신청

채무자의 이의신청에 대한 재판에서 법원이 가압류취소결정을 한 경우 채권자는 그 결정에 대하여 즉시항고를 할 수 있다. 그러나 이 즉시항고에는 집행정지의 효력이 없다(법 제286조제7항). 따라서 채권자는 즉시항고와 더불어 가압류취소결정의 효력을 정지할 것을 신청할 수 있다(법 제289조).

이 즉시항고는 「민사소송법」을 준용하는 즉시항고이므로, 항고이유서의 제출기간이 없음은 앞에서 살펴보았다. 항고이유서를 반드시 제출하여야 하는 것도 아니다. 이 즉시항고는 재항고가 허용된다는 점도 이미 검토하였다.

7. 가압류결정의 취소

여기에서 말하는 가압류결정의 취소는 가압류결정 자체를 취소하는 것으로써 앞에서 검토한 이의신청에 따른 재판의 일환으로써의 취소와는 그 성질을 달리하는 제도이다.

가. 제소명령(提訴命令)에 불응한 경우

가압류명령을 발령한 법원은 채무자의 신청이 있으면 변론 없이 채권자에게 상당한 기간 이내에 본안의 소를 제기하여 이를 증명하는 서류를 제출하거나 이미 소를 제기하였으면 소송이 계속중인 사실을 증명하는 서류를 제출하도록 명하여야 한다. 이 기간은 2주 이상이어야 한다.

　　채권자가 이 기간 안에 해당 서류를 제출하지 아니하는 때에는 법원은 채무자의 신청에 따라 결정으로 가압류를 취소하여야 한다. 채권자가 해당 서류를 제출하였더라도 본안의 소가 취하 또는 각하된 때에는 해당 서류를 제출하지 아니한 것으로 본다. 이 가압류의 취소에는 즉시항고를 할 수는 있으나, 이 즉시항고에는 집행정지의 효력은 없다.

　　이 제소명령은 채무자의 다른 채권자가 채권자대위권[15]을 행사하여 대위신청을 할 수 있다는 것이 대법원의 입장이나, 제3자는 신청할 수 없다고 본다(대법원 93마1655 참조). 가압류 목적물의 양수인 등 특정승계인도 제소명령을 신청할 수 있다(대법원 2010마818 참조).

　　그리고 대법원은 중재재판[16]절차도 본안소송과 같은 것으로 보았다(대법원 99다50064 참조). 이를 유추해볼 때 제소전화해 및 지급명령절차(독촉절차)도 본안소송으로 해석하여야 할 것이다.

[제소명령신청서]

```
┌─────────────────────────────────────────────────────────┐
│                                                         │
│              제 소 명 령 신 청                           │
│                                                         │
│  신 청 인(채무자)        성명 ㅇㅇㅇ(      -      )      │
│                         주소                            │
│                         전화번호                        │
│  피신청인(채권자)        성명 ㅇㅇㅇ(      -      )      │
└─────────────────────────────────────────────────────────┘
```

---

15) 채권자대위권(債權者代位權) : 채권자대위권이라 함은 채권자가 자기의 채권을 보전하기 위하여 자기의 이름으로 채무자의 권리를 직접 행사하는 권리를 말한다.
16) 중재재판(仲裁裁判) : 중재재판이란 나라 사이의 분쟁을 해결하기 위하여 분쟁 당사국이 선임한 재판관에 의하여 행하는 재판을 말한다.

주소

전화번호

신청취지 및 신청이유

위 당사자 사이의 귀원 2016카단○○○호 부동산가압류신청사건에 관하여 귀원에서는 2016. ○. ○. 가압류를 집행하였으나, 채권자는 아직도 본안소송을 제기하지 아니하고 있으므로, 채권자에게 상당한 기간 안에 소를 제기할 것을 명하여 주시기 바랍니다.

첨 부 서 류

1. 부동산등기사항전부증명서 1통.
1. 신청서 부본 1통.
1. 송달료납부서 1통. 끝.

2017. ○. ○.

위 채무자 ○ ○ ○(인)

○○지방법원 귀중

※ 이 신청서에는 1,000원짜리 인지를 붙인다.

※ 송달료는 당사자의 수 × 4회분 × 3,700원에 해당하는 금액을 예납한다.

[제소기간 도과에 따른 가압류취소신청서-사례]

가 압 류 취 소 신 청

신 청 인(채무자)　　성명 ○○○(　　　–　　　)

　　　　　　　　　　주소

　　　　　　　　　　전화번호

피신청인(채권자)　　성명 ○○○(　　　–　　　)

　　　　　　　　　　주소

　　　　　　　　　　전화번호

신 청 취 지

1. 위 당사자 사이의 귀원 2016카단○○○호 부동산가압류신청사건에 관하여 귀원이 2016. ○. ○.자로 명한 가압류결정은 이를 취소한다.
2. 소송비용은 피신청인의 부담으로 한다.

라는 재판을 구합니다.

신 청 이 유

1. 피신청인은 신청인을 상대로 2016. ○. ○. 귀원 2016카단○○○호 부동산가압류결정을 받아 같은 달 ○○. 가압류집행을 마쳤습니다.
2. 그런데, 피신청인이 본안소송을 제기하지 아니하여 신청인이 2017. ○. ○. 귀원에 본안의 제소명령을 신청하였고, 이에 대하여 귀원에서는 같은 달 ○○. 제소명령을 발령하였는바, 피신청인은 위 제소명령에서 정한 기간이 지나도록 본안소송을 제기하지 아니하였습니다. 따라서 위 가압류명령은 이를 취소하여 주시기 바랍니다.

첨　부　서　류

1. 제소명령 사본 1통.

2. 송달료납부서 1통.

3. 신청서 부본 1통.

2017. ○. ○.

위 신청인(채무자)　○　○　○(인)

○○지방법원 귀중

※ 이 신청서에는 2,000원짜리 인지를 붙인다.

※ 송달료는 당사자의 수 × 8회분 × 3,700원에 해당하는 금액을 예납하여야 한다.

나. 사정변경이 있는 경우

「민사집행법」의 관련 규정

제288조(사정변경 등에 따른 가압류의 취소) ① 채무자는 다음 각호의 어느 하나에 해당하는 사유가 있는 경우에는 가압류가 인가된 뒤에도 그 취소를 신청할 수 있다. 제3호에 해당하는 경우에는 이해관계인도 신청할 수 있다.

　1. 가압류가 소멸되거나 그 밖에 사정이 바뀐 때

　2. 법원이 정한 담보를 제공한 때

　3. 가압류가 집행된 뒤에 3년간 본안의 소를 제기하지 아니한 때

법 제288조는 가압류의 '취소'라고 표현하였다. 그러나 이는 '철회'의 의미로 해석하여야 할 것이다. 따라서 그 취소에는 소급효가 없다.

위 법률의 규정 중 "가압류가 소멸되거나 그 밖에 사정이 바뀐 때"에 해당하는 사유 중 대법원의 태도를 정리하면 이러하다. 이것이 강제집행절차라면 청구이의사유에 해당하는 변제 · 상계 · 소멸시효의 완성 등이 여기에 해당하고, 처음부터 피보전권리가 없거나 가압류의 목적 채권이 존재하지 아니한 사실이 뒤에 밝혀진 경우도 여기에 해당한다.

채권자가 소를 제기한 뒤에 생긴 사유들을 살펴보면, 채권자가 패소확정판결을 받은 경우에는 재심의 소를 제기한 경우에도 사정변경에 의한 가압류의 취소에는 영향이 없다. 그러나 채권자에 대한 패소판결이 아직 확정되기 전이면 그 판결이 상소심에서 뒤집힐 가능성이 없어야 사정변경이 있다고 한다.

여러 개의 피보전권리를 주장하여 보전명령을 얻은 다음에 그 중 일부의 피보전권리에 관하여 채권자가 패소확정판결을 받은 경우에도 사정변경이 있는 것으로 본다. 그러나 채권자의 패소 원인이 장래이행을 청구했거나 조건부권리를 청구했다가 그러한 이유로 기각된 경우, 실체상의 이유가 아닌 소송법상의 이유로 소각하가 된 경우에는 사정변경으로 보지 않는다. 원고 불출석에 의한 소취하간주도 같이 취급된다.

가압류명령에는 가압류의 집행을 정지시키거나 이미 집행한 가압류를 취소시키기 위하여 채무자가 공탁할 금액을 적는다. 이것을 가리켜 해방공탁금이라고 하는데, 이 공탁금은 채권자에게 우선변제권이 이정되지 않는다. 즉 가압류의 효력이 이 공탁금 위에 미치는 것뿐이므로, 가압류채권자 아닌 채무자의 다른 채권자가 위 공탁금에 대하여 가압류 또는 압류를 할 수 있고, 이러한 경우에는 압류의 경합으로 처리되므로, 뒤에 가압류채권자와 다른 채권자가 함께 배당에 참가하게 된다는 점은 앞에서 검토하였다.

그러나 법 제288조제1항제2호에서 규정하고 있는 '담보'는 위 가압류해방금과는 다른 것이다. 이는 채무자가 법원에 가압류의 취소를 신청하고, 법원이 정하는 적당한 담보를 제공하는 경우를 뜻한다. 이 담보는 가압류채권자에게 우선변제권이 인정된다. 즉 채권자는 이 담보에 대하여 질권자[17]와 같은 권리를 갖는다.

---

17) 질권자(質權者) : 질권은 채권자가 그의 채권의 담보로써 채무자의 물건을 수취하여 채무의 변제가 있을 때까지 채무자 또는 제3자(물상보증인)로부터 받은 물건(또는 재산권)을 점유하고, 유치함으로써 한편으로는 채무의 변제를 간접적으로 강제하는 동시에 채무의 변제가 없는 경우에는 그 목적물로부터 다른 채권자에 우선하여 변제를 받는 권리를 말한다. 여기의 채권자를 질권자라고 부른다.

가압류의 본안소송에서 피보전권리에 기한 청구를 기각한 판결이 선고되어 확정되었다면 이를 민사집행법 제288조제1항제1호 소정의 사정변경으로 보아 가압류를 취소할 사유가 되는 것이 보통일 것이다.

그러나 장래에 성립할 권리를 피보전권리로 하여 가압류가 이루어진 후 본안소송에서 그 장래청구권의 기초적 법률관계의 존재는 인정되나 아직 그 청구권 자체의 발생이 확정되었다고 할 수 없다는 이유로 위 가압류의 본안청구를 기각하는 판결이 선고되어 확정된 데 불과한 경우에는 그 가압류의 기초인 법률관계가 상존하고 있는 피보전권리의 부존재가 아직 확정된 것이 아니므로, 위와 같은 확정판결이 있다는 것만으로는 가압류를 취소할 사정의 변경이 생겼다고 단정할 수는 없는 것이다(대법원 2003다18005 판결).

채권자가 보전명령이 있은 뒤 그 보전의 의사를 포기하였다고 볼만한 사정이 있는 경우에는 보전명령 취소사유인 사정변경에 해당한다고 보아야 한다. 그런데 소의 의제적 취하[18]는 여러 가지 동기와 원인에서 이루어지고, 보전명령에 대한 본안소송이 쌍방불출석으로 취하된 것으로 간주되었다고 하더라도 통상의 소취하의 경우와 마찬가지로 본안에 대한 종국판결이 있기 전이라면 피보전권리에 영향을 주는 것이 아니어서 다시 같은 소송을 제기할 수도 있는 것이므로, 그 취하의 원인, 동기, 그 후의 사정 등에 비추어 <u>채권자가 보전의 의사를 포기하였다고 인정되지 아니하는 이상 보전명령에 대한 본안소송이 취하된 것으로 간주되었다는 사실 자체만으로 보전명령 취소사유인 사정변경에 해당한다고 볼 수는 없다</u>(대법원 97다47637 판결).

---

18) 의제적 취하(擬制的 取下) : 현행법에서는 '소취하간주'로 변경되었다. 양쪽 당사자가 변론기일에 출석하지 아니하거나 출석하였다 하더라도 변론하지 아니한 때에는 재판장

[사정변경에 따른 가압류취소신청서]

가 압 류 취 소 신 청

신 청 인(채무자)   성명 ○ ○ ○(-   )

주소

전화번호

피신청인(채권자)   성명 ○ ○ ○(-   )

주소

전화번호

신 청 취 지

1. 위 당사자 사이의 ○○지방법원 2016카합○○○○호 부동산가압류신청사건에 관하여 ○○지방법원이 2016. 5. 1. 명한 가압류결정은 이를 취소한다.

2. 소송비용은 피신청인의 부담으로 한다.

라는 결정을 구합니다.

신 청 이 유

1. 피신청인은 2016. 5. 1. 귀원 2016카합○○○○호 부동산가압류결정을 받아 같은

은 다시 변론기일을 정하여 양쪽 당사자에게 통지하여야 한다. 새 변론기일 또는 그 뒤에 열린 변론기일에 양쪽 당사자가 출석하지 아니하거나 출석하였다 하더라도 변론하지 아니한 때에는 1월 이내에 기일지정신청을 하지 아니하면 소를 취하한 것으로 본다. 이를 소취하간주라고 한다.

해 6. 2. 신청인 소유의 부동산에 대하여 가압류집행을 하였습니다.

2. 신청인은 피신청인에게 지급하여야 할 채무의 원금이 30,000,000원이며, 피신청인이 가압류를 집행함에 있어 신청한 청구채권액도 같은 금액입니다.

3. 이에 따라 신청인은 피신청인에게 위 청구금액과 그에 대한 법정의 이율에 의한 지연손해금을 합하여 전부 현실제공을 하였으나, 피신청인은 부당한 요구를 하면서 그 수령을 거절하였으므로, 신청인으로서는 부득이 피신청인에게 위 원금과 지연손해금을 합하여 합계 30,240,000원을 2016. 7. 2. 변제공탁을 하였습니다.

4. 따라서 이 사건 가압류는 그 결정 뒤에 사정이 변경되었으므로 더 이상 유지되어야 할 이유가 없다고 생각하고, 그 취소를 구하기 위하여 이 신청을 하게 되었습니다.

소명자료 및 첨부서류

1. 소을 제1호증 부동산가압류결정 등본 1통.

1. 소을 제2호증 공탁서 1통.

1. 송달료납부서 1통.

2017. ○. ○.

위 신청인(채무자) ○ ○ ○(인)

○○**지방법원 귀중**

---

* 이 신청서에는 10,000원짜리 인지를 붙인다.

* 송달료는 당사자의 수 × 8회분 × 3,700원에 해당하는 금액을 예납한다.

* 이 사건은 결정으로 재판하는 사건이며, 소명을 필요로 하는 사건이다. 따라서 증거를

표시함에 있어서는 채권자는 소명 갑호증, 채무자는 소명 을호증이라는 뜻으로 "소갑 제 ○호증" 또는 "소을 제○호증"과 같이 표시한다. 민사소송(본안소송)에서 증명이라는 의 미로 "갑 제○호증" 또는 "을 제○호증"이라고 표시하는 것에 대응하는 표시이다.

[담보제공에 따른 가압류취소신청서]

가 압 류 취 소 신 청

사   건   2015카단○○○호 유체동산가압류

신 청 인   성명 ○ ○ ○(―   )

(채무자)   주소

전화번호

피신청인   성명 ○ ○ ○(―   )

(채권자)   주소

전화번호

신청취지 및 신청이유

1. 피신청인이 위 사건의 가압류를 신청하면서 주장한 신청인에 대한 청구채권액은 돈 25,000,000원입니다. 그러나 위 청구금액은 2013. 1. 1. 신청인이 당시 피신청 인의 피용자이던 신청외 ○○○에게 이미 변제하였습니다.

2. 결국 피신청인은 존재하지도 아니하는 채권이 있다고 주장하면서 이 사건 가압류집 행을 한 것입니다.

3. 따라서 이 사건 가압류집행은 마땅히 취소되어야 할 것이지만, 신청인의 소명이 부족하다고 판단하신다면 적당한 담보를 제공하는 것을 조건으로 가압류결정을

취소하여 주시기 바랍니다.

소명자료 및 첨부서류

1. 소을 제1호증 영수증 1통.
1. 소을 제2호증 사실확인 진술서(공정증서) 1통.
1. 소을 제3호증 유체동산가압류결정 등본 1통.
1. 송달료납부서 1통.

2015. 1. 1.

위 신청인(채무자) ㅇ ㅇ ㅇ(인)

○○지방법원 귀중

* 신청에 따른 인지대는 10,000원, 송달료는 당사자의 수 × 8회분 × 3,700원이다.
* 이 신청에 대하여 어떠한 담보를 제공하게 할 것인지와 어느 정도의 담보를 제공하게 할 것인지는 법원의 재량이므로, 신청인은 담보의 방법이나 금액을 신청서에 기재할 필요는 없다. 여기에서 말하는 '적당한 담보'는 가압류결정서에 적혀 있는 담보인 '가압류해방공탁금'과는 다른 것이다.

8. 가압류취소결정에 대한 효력정지 및 취소

가. 가압류취소결정에 대한 효력정지

「민사집행법」의 관련 규정

제289조(가압류취소결정의 효력정지) ① 가압류를 취소하는 결정에 대하여 즉시항고가 있는 경우에, 불복의 이유로 주장한 사유가 법률상 정당한 사유가 있다고 인정되고 사실에 대한 소명이 있으며, 그 가압류를 취소함으로 인하여 회복할 수 없는 손해가 생길 위험이 있다는 사정에 대한 소명이 있는 때에는 법원은 당사자의 신청에 따라 담보를 제공하게 하거나 담보를 제공하지 아니하게 하고 가압류취소결정의 효력을 정지시킬 수 있다.

② 제1항의 규정에 의한 소명은 보증금을 공탁하거나 주장이 진실함을 선서하는 방법으로 대신할 수 없다.

③ 재판기록이 원심법원에 있는 때에는 원심법원이 제1항의 규정에 의한 재판을 한다.

④ 항고법원은 항고에 대한 재판에서 제1항의 규정에 의한 재판을 인가·변경 또는 취소하여야 한다.

⑤ 제1항 및 제4항의 규정에 의한 재판에 대하여는 불복할 수 없다.

나. 가압류취소결정에 대한 취소

가압류의 취소결정을 상소법원이 취소한 경우로서 법원이 그 가압류의 집행기관이 되는 때에는 그 취소의 재판을 한 상소법원이 직권으로 가압류를 집행한다. 이 경우에 그 취소의 재판을 한 상소법원이 대법원인 때에는 채권자의 신청에 따라 제1심법원이 가압류를 집행한다(법 제298조).

여기에서 말하는 '취소'는 가압류결정에 대하여 채무자가 이의신청을 하자 가압류가 취소되었고, 그 취소에 대하여 채권자가 즉시항고를 제기하였으며, 이 즉시항고에 따라 항고법원이 가압류를 취소한 결정을 다시 취소한 경우를 말한다.

9. 가압류신청의 취하

가압류신청의 취하는 가압류명령을 신청한 채권자가 서면으로 하여야 한다. 다만, 변론기일 또는 심문기일에는 말로도 할 수 있다(규칙 제203조의2제1항).

가압류명령을 발령한 후에 신청취하서가 접수된 경우「민사소송법」제266조제2항을 준용하여 상대방의 동의를 필요로 하는가가 문제된다. 실무에서는 상대방의 동의를 필요로 하지 않는 것으로 처리하고 있다.

10. 제3자 진술최고신청

채무자가 제3채무자로부터 지급받을 채권이 있는지 여부와 그 액수가 어느 정도인지 등을 정확히 파악하고자 할 때에는 제3채무자로 하여금 그러한 내용을 법원에 대하여 서면으로 신고하도록 할 수 있다(법 제237조제1항, 제291조).

이 진술명령을 받은 제3채무자는 가압류명령을 송달받은 때로부터 1주일 이내에 서면으로 법원에 진술하여야 한다. 만약 제3채무자가 고의 또는 과실로 허위의 진술을 함으로써 가압류채권자에게 손해가 생긴 때에는 그 손해를 배상할 책임이 있다.

진술최고신청을 할 수 있는 사람은 가압류채권자이다. 이를 신청할 수 있는 기간은 가압류신청과 동시 또는 집행법원이 가압류명령을 발송하기 전까지이다. 가압류명령이 송달된 뒤에는 부적법하여 각하된다.

[제3자 진술최고신청서]

제3자 진술최고신청

채 권 자　　○○○(　　－　　)
　　　　　　주소
채 무 자　　○○○(　　－　　)
　　　　　　주소
제3채무자　　○○○(　　－　　)
　　　　　　주소

위 당사자 사이의 귀원 2016타기○○○호 채권가압류신청사건에 관하여 채권자는 다음과 같이 제3채무자 ○○○에 대하여 서면으로 다음 사항에 대한 진술요구를 신청합니다.

진술할 사항

1. 채무자의 제3채무자에 대한 채권을 인정하는지 여부 및 인정한다면 그 한도
1. 채권에 대하여 지급할 의사가 있는지 여부 및 그 의사가 있다면 그 한도
1. 채권에 대하여 다른 사람으로부터 청구가 있는지 여부 및 그러한 청구가 있다면
   그 종류

1. 다른 채권자에게 채권을 압류당한 사실이 있는지 여부 및 그러한 사실이 있다면 그 청구의 내용

2017. ○. ○.

위 채권자　○　○　○(인)

○○지방법원 ○○지원 귀중

※ 이 신청서에는 500원짜리 인지를 붙이고, 반신용 우편봉투 및 송달료를 예납하여야 한다.

11. 압류할 수 없는 물건

압류가 금지된 물건과 압류가 금지된 채권은 가압류도 할 수 없다. 이에 해당하는 물건과 채권은 다음과 같다.

「민사집행법」의 관련 규정

제195조(압류가 금지되는 물건) 다음 각호의 물건은 압류하지 못한다.

1. 채무자 및 그와 같이 사는 친족(사실상 관계에 따른 친족을 포함한다. 이하 이 조에서 "채무자등"이라 한다)의 생활에 필요한 의복 · 침구 · 가구 · 부엌기구, 그 밖의 생활 필수품

2. 채무자등의 생활에 필요한 2월간의 식료품 · 연료 및 조명재료

3. 채무자등의 생활에 필요한 1월간의 생계비로서 대통령령이 정하는 액수의 금전[19]

4. 주로 자기 노동력으로 농업을 하는 사람에게 없어서는 아니 될 농기구 · 비료 · 가축 ·

사료 · 종자, 그 밖에 이에 준하는 물건

5. 주로 자기의 노동력으로 어업을 하는 사람에게 없어서는 아니 될 고기잡이 도구 · 어망 · 미끼 · 새끼고기, 그 밖에 이에 준하는 물건

6. 전문직 종사자 · 기술자 · 노무자, 그 밖에 주로 자기의 정신적 또는 육체적 노동으로 직업 또는 영업에 종사하는 사람에게 없어서는 아니 될 제복 · 도구, 그 밖에 이에 준하는 물건

7. 채무자 또는 그 친족이 받은 훈장 · 포장 · 기장, 그 밖에 이에 준하는 명예증표

8. 위패 · 영정 · 묘비, 그 밖에 상례 · 제사 또는 예배에 필요한 물건

9. 족보 · 집안의 역사적인 기록 · 사진첩, 그 밖에 선조숭배에 필요한 물건

10. 채무자의 생활 또는 직무에 없어서는 아니 될 도장 · 문패 · 간판, 그 밖에 이에 준하는 물건

11. 채무자의 생활 또는 직업에 없어서는 아니 될 일기장 · 상업장부, 그 밖에 이에 준하는 물건

12. 공표되지 아니한 저작 또는 발명에 관한 물건

13. 채무자등이 학교 · 교회 · 사찰, 그 밖의 교육기관 또는 종교단체에서 사용하는 교과서 · 교리서 · 학습용구, 그 밖에 이에 준하는 물건

14. 채무자등의 일상생활에 필요한 안경 · 보청기 · 의치 · 의수족 · 지팡이 · 장애보조용 바퀴의자, 그 밖에 이에 준하는 신체보조기구

15. 채무자등의 일상생활에 필요한 자동차로서 「자동차관리법」이 정하는 바에 따른 장애인용 경형자동차

16. 재해의 방지 또는 보안을 위하여 법령의 규정에 따라 설비하여야 하는 소방설비 · 경보기구 · 피난시설, 그 밖에 이에 준하는 물건

제196조(압류금지 물건을 정하는 재판) ① 법원은 당사자가 신청하면 채권자와 채무자의 생활형편, 그 밖의 사정을 고려하여 유체동산의 전부 또는 일부에 대한 압류를 취소하도록 명하거나 제195조의 유체동산을 압류하도록 명할 수 있다.

② 제1항의 결정이 있은 뒤에 그 이유가 소멸되거나 사정이 바뀐 때에는 법원은 직권으로 또는 당사자의 신청에 따라 그 결정을 취소하거나 바꿀 수 있다.

③ 제1항 및 제2항의 경우에 법원은 제16조제2항[20]에 준하는 결정을 할 수 있다.

④ 제1항 및 제2항의 결정에 대하여는 즉시항고를 할 수 있다.

⑤ 제3항의 결정에 대하여는 불복할 수 없다.

12. 압류할 수 없는 채권

「민사집행법」의 관련 규정

제246조(압류금지채권) ① 다음 각호의 채권은 압류하지 못한다.

1. 법령에 규정된 부양료 및 유족부조료(遺族扶助料)

2. 채무자가 구호사업이나 제3자의 도움으로 계속 받는 수입

3. 병사의 급료

4. 급료·연금·봉급·상여금·퇴직연금, 그 밖에 이와 비슷한 성질을 가진 급여채권의 2분의 1에 해당하는 금액. 다만, 그 금액이 「국민기초생활보장법」에 의한 최저생계비를 감안하여 대통령령이 정하는 금액에 미치지 못하는 경우 또는 표준적인 가구의 생계비를 감안하여 대통령령이 정하는 금액을 초과하는 경우에는 각각 당해 대통령령이 정하는 금액으로 한다.

---

19) 대통령령이 정하는 액수의 금전 : 월 150만원

20) 제16조제2항 : 제16조(집행에 관한 이의신청) ① 집행법원의 집행절차에 관한 재판으로서 즉시항고를 할 수 없는 것과 집행관의 집행처분, 그 밖에 집행관이 지킬 집행절차에 대하여서는 법원에 이의를 신청할 수 있다.
② 법원은 제1항의 이의신청에 대한 재판에 앞서, 채무자에게 담보를 제공하게 하거나 제공하게 하지 아니하고 집행을 일시정지하도록 명하거나 채권자에게 담보를 제공하게 하고 그 집행을 계속하도록 명하는 등 잠정처분(暫定處分)을 할 수 있다.

5. 퇴직금 그 밖에 이와 비슷한 성질을 가진 급여채권의 2분의 1에 해당하는 금액

6. 「주택임대차보호법」 제8조, 같은 법 시행령의 규정에 따라 우선변제를 받을 수 있는 금액

7. 생명, 상해, 질병, 사고 등을 원인으로 채무자가 지급받는 보장성보험의 보험금(해약 환급 및 만기환급금을 포함한다). 다만, 압류금지의 범위는 생계유지, 치료 및 장애 회복에 소요될 것으로 예상되는 비용 등을 고려하여 대통령령으로 정한다.

8. 채무자의 1월간 생계유지에 필요한 예금(적금·부금·예탁금과 우편대체를 포함한다). 다만, 그 금액은 「국민기초생활 보장법」에 따른 최저생계비, 제195조제3호에서 정한 금액 등을 고려하여 대통령령으로 정한다.

② 법원은 제1항제1호부터 제7호까지에 규정된 종류의 금원이 금융기관에 개설된 채무자의 계좌에 이체되는 경우 채무자의 신청에 따라 그에 해당하는 부분의 압류명령을 취소하여야 한다.

③ 법원은 당사자가 신청하면 채권자와 채무자의 생활형편, 그 밖의 사정을 고려하여 압류명령의 전부 또는 일부를 취소하거나 제1항의 압류금지채권에 대하여 압류명령을 할 수 있다.

④ 제3항의 경우에는 제196조제2항 내지 제5항의 규정을 준용한다.

제196조(압류금지 물건을 정하는 재판) ① 법원은 당사자가 신청하면 채권자와 채무자의 생활형편, 그 밖의 사정을 고려하여 유체동산의 전부 또는 일부에 대한 압류를 취소하도록 명하거나 제195조의 유체동산을 압류하도록 명할 수 있다.

② 제1항의 결정이 있은 뒤에 그 이유가 소멸되거나 사정이 바뀐 때에는 법원은 직권으로 또는 당사자의 신청에 따라 그 결정을 취소하거나 바꿀 수 있다.

③ 제1항 및 제2항의 경우에 법원은 제16조제2항에 준하는 결정을 할 수 있다.

④ 제1항 및 제2항의 결정에 대하여는 즉시항고를 할 수 있다.

⑤ 제3항의 결정에 대하여는 불복할 수 없다.

가압류의 집행절차

1. 가압류의 집행절차란?

「민사집행법」의 관련 규정

제291조(가압류집행에 대한 본집행의 준용) 가압류의 집행에 대하여는 강제집행에 관한 규정을 준용한다. 다만, 아래의 여러 조문과 같이 차이가 나는 경우에는 그러하지 아니하다.

법 제291조는 "여러 조문"이라고 규정하고 있지만, 그 여러 조문은 위 법 제292조부터 제299조까지 8개의 조문을 말한다. 우선 그 여러 조문과 관련한 내용을 검토한다.

2. 집행요건의 특칙

가. 집행권원(執行權原)

가압류명령은 결정을 고지함과 동시에 집행력이 생긴다. 따라서 가집행선고를 붙일수 없다. 가압류의 집행은 채무자에게 결정이 송달되기 전에도 할 수 있다.

가압류에 대한 재판이 있은 뒤에 채권자나 채무자의 승계가 이루어진 경우에 가압류의 집행을 하려면 집행문[21]을 덧붙여야 한다(법 제292조제1항). 이는 승계집행문이

---

21) 집행문(執行文) : 집행권원에 집행력이 있음을 증명하기 위하여 법원사무관이 집행권원의 정본에 덧붙이는 문서

필요한 때에만 집행문을 붙이라는 의미이다.

나. 집행기간

가압류에 대한 채권의 집행은 채권자에게 재판을 고지한 날부터 2주를 넘긴 때에는 하지 못한다(법 제292조제2항). 위 규정이 말하는 '2주'가 불변기간이라는 규정은 없다. 따라서 추후보완[22]이 있을 수 없다. 그러나 그 기간이 채무자의 방해행위로 인하여 지켜질 수 없었던 때에는 그 방해를 받은 기간 동안은 기간이 진행하지 않는 것으로 해석된다. 단기로 규정한 이유가 채무자의 이익을 고려한 것이기 때문이다.

집행기간과 관련하여 가압류의 집행 착수시기를 살펴보면, ① 부동산 등에 대한 가압류집행은 법원사무관 등이 등기나 등록에 필요한 촉탁서를 발송한 때, ② 채권에 대한 가압류집행은 법원사무관등이 제3채무자에게 가압류명령을 송달한 때, ③ 유체동산 및 배서가 금지되지 아니한 유가증권에 대한 가압류의 집행은 집행관이 가압류할 물건을 찾기 위하여 수색에 착수한 때, ④ 배서가 금지된 유가증권은 집행관이 그 유가증권의 점유를 개시한 때에 각 집행에 착수한 것으로 본다.

집행기간이 지나면 가압류명령은 집행력을 잃는다. 따라서 채권자가 가압류를 집행하려면 새로운 가압류신청을 하여야 한다. 집행기간이 지났음에도 불구하고 가압류를 집행하면 위법한 집행이 되므로, 채무자는 집행에 관한 이의로써 구제를 받을 수 있다.

채권자가 스스로 가압류집행을 해제한 경우에는 집행기간이 경과하지 아니하였다면 다시 집행에 착수할 수 있다. 또 집행기간이 도과한 경우에도 가압류 자체의 효력이 상실되는 것은 아니므로, 채무자가 가압류의 효력을 없애기 위해서는 가압류명령에 대한 이의신청 또는 사정변경에 따른 취소신청을 하여야 한다.

---

22) 추후보완(追後補完) : 추후보완이라 함은 당사자가 책임질 수 없는 사유로 상소기간을 넘긴 경우에 나중에 이를 보완하여 상소를 허용하는 것을 말한다.

3. 가압류를 집행하는 방법

가압류의 목적물이 유체동산이거나 유가증권인 경우에는 채권자가 집행관에게 서면으로 집행위임을 하면 집행관이 집행에 착수한다. 그러나 그 밖의 목적물에 대한 집행은 모두 가압류명령을 발령한 법원이 스스로 집행한다. 다만, 가압류취소명령을 상소법원이 다시 취소함에 따라 그 상소법원이 집행기관이 되는 때에는 상소법원이 직권으로 집행한다. 이 경우에도 상소법원이 대법원이면 채권자의 신청에 의하여 제1심법원이 집행한다.

가. 부동산에 대한 집행

부동산에 대한 가압류의 집행은 가압류재판에 관한 사항을 등기부에 기입하여야 한다. 가압류의 등기는 가압류를 발령한 법원의 법원사무관등이 등기를 촉탁한다. 따라서 등기촉탁에 필요한 서류는 가압류신청인이 미리 가압류신청서에 첨부하여 제출하여야 한다.

미등기부동산에 대한 집행을 실시하는 때에는 즉시 채무자 명의로 등기할 수 있다는 것을 증명할 수 있는 서류를 첨부하여야 한다. 그리고 미등기부동산이 건물이면 그 건물의 지번·구조·면적을 증명할 수 있는 서류 및 그 건물에 관한 건축허가 또는 건축신고를 증명할 수 있는 서류를 첨부하여야 한다.

가압류의 집행으로 강제관리를 하는 경우에는 관리인이 청구채권에 해당하는 임대료 등을 지급받아 법원에 공탁하여야 한다. 강제관리는 법원이 지정한 관리인이 부동산의 임대수익 등을 수령하는 것을 말하는데, 실무상으로는 사실상 사문화(死文化)가 된 제도이다.

나. 선박·항공기에 대한 집행

등기를 할 수 있는 선박에 대한 가압류집행을 하는 경우에는 가압류에 관한 등기를 하는 방법 또는 집행관에게 선박국적증서를 선장으로부터 제출받아 법원에 제출하도록 명하는 방법으로 한다. 이들 두 가지 방법을 함께 이용할 수도 있다.

가압류등기를 하는 방법에 의한 집행은 가압류명령을 발령한 법원이 집행하고, 선박국적증서를 제출받아 집행하는 방법의 경우에는 선박이 정박하여 있는 곳을 관할하는 법원이 관할법원이 된다. 가압류등기를 하는 방법에 의한 집행에는 부동산의 가압류등기촉탁에 관한 규정들을 준용한다.

선박국적증서를 빼앗는 방법의 집행을 실시함에는 채권자가 집행관에게 수수료를 납부하고 집행위임을 하여야 한다. 항공기에 대한 집행은 선박에 대한 집행에 관한 규정들을 준용한다(규칙 제209조).

다. 자동차·건설기계에 대한 집행

자동차와 건설기계에 대한 집행절차는 부동산·선박·동산에 대한 강제집행규정에 준하여 대법원규칙으로 정한다(법 제187조). 「건설기계관리법」에 의하여 등록된 건설기계에 대한 가압류의 집행은 자동차에 대한 가압류의 집행에 관한 규정들을 준용한다(규칙 제211조).

자동차와 건설기계에 대한 가압류의 집행은 목적물의 등록사무소에 그 가압류의 기입등록을 촉탁함으로써 한다. 가압류가 집행된 자동차와 건설기계는 현금화를 하지 못함이 원칙이다. 다만, 즉시 매각하지 아니하면 값이 크게 떨어질 염려가 있거나 그 보관에 지나치게 많은 비용이 드는 경우에는 집행관은 이를 매각하여 매각대금을 공탁하여야 한다.

라. 유체동산(有體動産)에 대한 집행

유체동산(有體動産)에 대한 가압류의 집행은 본압류의 집행과 같은 방식이다. 따라서 채권자가 가압류결정등본을 집행관에게 가지고 가서 집행위임을 하여야 한다.

집행위임을 할 때에는 채권자, 채무자와 그 대리인의 표시, 가압류명령의 표시, 가압류 목적물인 유체동산이 있는 장소, 가압류채권의 일부에 관하여 집행을 구하는 때에는 그 범위를 적은 서면을 집행관에게 제출하여야 한다(규칙 제212조제1항). 그러나 가압류할 유체동산을 특정하여 기재할 필요는 없고, 집행관이 집행단계에서 점유에 의하여 구체적으로 특정한다.

집행관이 가압류한 목적물은 현금화를 하지 못한다. 다만, 가압류 대상물건을 즉시 매각하지 아니하면 값이 현저히 하락할 염려가 있거나 그 보관에 지나치게 많은 비용을 지출하여야 하는 경우에는 집행관은 그 물건을 매각하여 매각대금을 법원에 공탁하여야 한다(법 제296조제5항).

집행관이 어느 유체동산을 가압류하였다 하더라도 집행관이 종전의 소유자에게 그 보관을 명한 경우에 있어서는 점유자의 사법상의 점유가 소멸하는 것은 아니며, 그 물건을 점유하는 소유자가 이를 타인에게 매도하고, 그 타인이 선의로 점유인도를 받은 경우에는 그 타인은 그 물건의 소유권을 적법하게 취득한다(대법원 66다1545,1546 판결).

집행관으로부터 가압류된 유체동산의 보관을 위탁받은 채무자는 보관상 필요하다 하여 임의로 봉인 기타 압류표시를 훼손한 후 필요한 조치를 할 수는 없다 할지라도 보관상 필요한 적당한 처분을 할 것을 집행관에게 촉구하여야 하고, 이를 아니한 경우에는 과실책임이 있다(대법원 74다1590).

마. 예금채권에 대한 집행

예금채권은 지명채권의 한 종류이므로, 지명채권의 집행방법에 따르지만, 다음과 같은 특수한 문제도 있다.

예금약관에서는 무기명식 예금이 아니면 양도나 담보의 제공을 금지하는 것이 일반적이다. 은행의 승낙 없이 예금채권이 양도된 경우 예금주의 확인이 어렵다는 이유이다. 그러나 압류금지의 특약이 있는 예금채권도 가압류의 대상이 된다는 것이 대법원의 입장이다.

채권에 대한 압류 및 전부명령이 유효하기 위하여 채권압류 및 전부명령이 제3채무자에게 송달될 당시 반드시 피압류 및 전부채권이 현실적으로 존재하고 있어야 하는 것은 아니고, 장래의 채권이라도 채권 발생의 기초가 확정되어 있어 특정이 가능할 뿐 아니라 권면액이 있고, 가까운 장래에 채권이 발생할 것이 상당한 정도로 기대되는 경우에는 채권압류 및 전부명령의 대상이 될 수 있다(대법원 2002. 11. 8.선고 2002다7527).

바. 배서가 금지된 지시채권에 대한 집행

어음·수표, 화물상환증, 선하증권, 창고증권 등 지시증권에 수반하는 지시채권에 대한 가압류의 집행은 그 지시증권이 배서가 금지된 것인지 여부에 따라 집행방법을 달리한다.

배서가 금지되지 아니한 것은 유체동산의 집행방법에 의하고, 배서가 금지된 것은 채권의 집행방법에 따른다. 다만, 배서가 금지된 지시채권도 권리를 행사함에는 증권을 소지하여야 하므로, 집행절차에서는 집행관의 점유취득을 필요로 한다. 즉 가압류명령을 발령한 법원이 제3채무자에게 송달을 하고, 채권자가 집행관에게 집행위임을 함으로써 집행절차를 실행하는 것이다.

사. 주식에 대한 집행

주식회사의 설립시 또는 신주발행시에 있어서 주주로 될 때까지 주식인수인의 지위를 '권리주'라고 한다. 이 권리주 자체는 가압류의 대상이 되지 않는다. 그러나 주식인수인은 설립등기 후 또는 납입기일 후 회사에 대하여 회사가 발행하는 장래의 주권에 대한 교부청구권을 갖는다. 따라서 채권자는 주식인수인을 채무자로, 회사를 제3채무자로 하여 위 주권교부청구권을 가압류집행할 수 있다.

주권발행 전의 주식은 회사성립 후 또는 신주납입기일 후 6개월이 경과했는지 여부에 따라 주식양도의 효력이 다르기 때문에 그 가압류집행의 방법에도 차이가 있다.

회사성립 후 또는 신주납입기일 후 6개월이 경과하기 전에는 주권발행 전의 주식의 양도는 회사에 대하여는 효력이 없으므로(상법 제335조제2항), 주식 자체를 가압류하는 것은 불가능하다. 따라서 이 경우에는 채무자인 주주가 회사에 대하여 갖고 있는 주권교부청구권에 대하여 가압류의 집행을 하여야 한다.

회사성립 후 또는 신주납입기일 후 6개월이 경과한 뒤에도 회사가 주권을 발행하지 아니하는 경우에는 주권이 없더라도 주식을 양도할 수 있고, 양수인은 회사에 대하여 양수인 명의로 명의개서를 하고 주권을 교부할 것을 청구할 수 있다. 따라서 이러한 경우에는 주식 자체에 대하여 가압류를 집행한다.

주권이 발행된 경우에는 주식의 양도는 무기명식이든 기명식이든 불문하고 주권의 양도에 의한다(상법 제336조제1항). 따라서 주권 자체가 가압류의 집행 대상이 된다.

상장(上場)된 주식에 대한 가압류의 집행에 관하여는 규칙 제176조 내지 제182조에서 규정하고 있다.

아. 채권(債權) 및 그 밖의 재산권에 대한 집행

채권에 대한 가압류의 집행법원은 가압류명령을 발령한 법원으로 한다. 채권의 가압류에는 제3채무자에 대하여 채무자에게 지급하여서는 아니 된다는 명령만을 하여야 한다(법 제296조제2항·제3항).

제3채무자가 가압류집행이 완료된 금전채권액을 공탁한 경우에는 그 가압류의 효력은 그 청구채권액에 해당하는 공탁금액에 대한 채무자의 출급청구권에 대하여 존속한다. 이 공탁금은 배당절차를 진행하지 않는 점이 본압류와 다른 점이다.

배서가 금지된 지시채권[23]의 집행방법도 채권에 대한 집행방법과 동일하다.

4. 집행의 효과

법이 규정하고 있는 압류 및 가압류에 관한 규정을 비교해본다. 압류에 관한 규정인 법 제227조제1항은 "금전채권을 압류할 때에는 법원은 제3채무자에게 채무자에 대한 지급을 금지하고, 채무자에게 채권의 처분과 영수를 금지하여야 한다."고 규정하였고, 가압류에 관한 규정인 법 제296조제3항은 "채권의 가압류에는 제3채무자에 대하여 채무자에게 지급하여서는 아니 된다는 명령을 하여야 한다."고 규정하였다.

가압류명령이 집행되면 가압류 목적물에 대하여 채무자가 매매, 증여, 담보권의 설정, 그 밖의 일체의 처분을 하지 못하게 하는 효력이 생긴다. 그러나 채무자가 이 명령을 지키지 아니하고 위와 같은 처분행위를 하였을 경우에도 그 처분행위가 절대적으로 무효가 되는 것은 아니다. 즉 가압류채권자에 대한 관계에서만 상대적으로 무효가 될 뿐이다.

따라서 채무자가 가압류의 목적물을 제3자에게 양도하거나 담보권을 설정해 주었더라도 이러한 처분행위가 당연무효로 되지는 않고, 채무자는 그 처분행위의 유효함을

---

23) 지시채권(指示債權) : 증권에 지정된 특정인 또는 그가 지시한 사람에게 변제하여야 하는 채권

가압류채권자에 대하여 주장할 수 없음에 그친다. 이에 따라 채무자와 제3취득자 사이에 거래행위가 있은 뒤에 가압류가 취소 또는 해제되거나, 피보전권리가 소멸되거나, 가압류 자체가 무효인 것으로 판명된 경우 등에는 채무자와 제3취득자 사이의 거래행위는 완전히 유효한 것으로 된다. 이를 '가압류의 상대적 효력'이라고 한다.

채권가압류가 된 경우 제3채무자는 채무자에 대하여 채무의 지급을 하여서는 안 되고, 채무자는 추심·양도 등의 처분행위를 하여서는 안 되지만, 이는 이와 같은 변제나 처분행위를 하였을 때에 이를 가압류채권자에게 대항할 수 없다는 것이며, 채무자가 제3채무자를 상대로 이행의 소를 제기하여 집행권원을 얻더라도 이에 기하여 제3채무자에 대하여 강제집행을 할 수 없다고 볼 수 있을 뿐이고, 그 집행권원을 얻는 것까지 금하는 것은 아니라고 할 것이다(대법원 88다카25038).

가압류의 처분금지적 효력이 미치는 객관적 범위는 가압류결정에 표시된 청구금액에 한정되므로, 가압류의 청구금액으로 채권의 원금만이 기재되어 있다면 가압류채권자가 가압류채무자에 대하여 원금채권 외에 그에 부대하는 이자 또는 지연손해금채권을 가지고 있다고 하더라도 가압류의 청구금액을 넘어서는 부분에 대하여는 가압류채권자가 처분금지의 효력을 주장할 수 없다(대법원 2006다35223 판결).

채권의 가압류는 제3채무자에 대하여 채무자에게 지급하는 것을 금지하는 데 그칠 뿐 채무 그 자체를 면제하는 것이 아니고, 가압류가 있다 하더라도 그 채권의 이행기가 도래한 때에는 제3채무자는 그 지체책임을 면할 수 없다고 보아야 할 것이다(대법원 93다951 판결).

소유권이전등기청구권에 대한 압류나 가압류는 채권에 대한 것이지 등기청구권의 목적물인 부동산에 대한 것이 아니고, 채무자와 제3채무자에게 그 결정을 송달하는 외에 현행법상 이를 등기부에 공시하는 방법이 없는 것으로서 당해 채권자 및 채무자와 제3채무자 사이에만 효력을 갖는 것이고, 압류 및 가압류와 관계가 없는 제3자에 대하여는 압류나 가압류의 처분금지적 효력을 주장할 수 없는 것이다.

따라서 소유권이전등기청구권의 압류나 가압류는 청구권의 목적물인 부동산 자체의 처분을 금지하는 대물적 효력은 없다고 할 것이고, 제3채무자나 채무자로부터 소유권이전등기를 넘겨받은 제3자에 대하여는 그 취득한 등기가 원인무효라고 주장하여 그 말소를 청구할 수 없다고 할 것이다.

<u>부동산소유권이전등기청구권의 가압류는 채무자 명의로 소유권을 이전하여 이에 대하여 강제집행을 할 것을 전제로 하고 있는 것</u>이므로, 소유권이전등기청구권을 가압류하였다 하더라도 어떠한 경로로 제3채무자로부터 채무자 명의로 소유권이전등기가 마쳐졌다면 채권자는 이 부동산 자체를 가압류하거나 압류하면 될 것이지 이 등기를 말소할 필요가 없을 것이고, 만일 위와 같은 등기를 원인무효로 보고 말소한다면 가압류채권자는 이를 말소하고 다시 동일한 등기를 한다는 이상한 결과를 가져올 것이다.

일반적으로 <u>채권에 대하여 가압류가 되었더라도 채무자가 제3채무자로부터 현실로 급부를 추심하는 것만을 금지하는 것</u>이므로, 채무자는 제3채무자를 상대로 그 이행을 구하는 소송을 제기할 수 있고, 법원은 가압류가 되어있음을 이유로 이를 배척할 수 없는 것이 원칙이다.

그러나 소유권이전등기를 명하는 판결은 의사의 진술을 명하는 판결로써 이것이 확정되면 채무자는 일반적으로 이전등기를 신청할 수 있고, 제3채무자는 이를 저지할 방법이 없으므로 위와 같이 볼 수 없고, 이와 같은 경우에는 가압류의 해제를 조건으로 하지 아니하는 한 법원은 이를 인용하여서는 아니 되고, 제3채무자가 임의로 이전등기의무를 이행하고자 한다면 민사소송법 제557조(현행은 민사집행법 제294조에 해당함)에 정하여진 보관인에게 관리이전을 하여야 할 것이고, 이 경우에 보관인은 채무자의 법정대리인의 지위에서 이를 수령하여 채무자 명의로 소유권이전등기를 마치면 될 것이다(대법원 92다4680판결).

소유권이전등기청구권에 대한 가압류가 있기 전에 가처분이 있었다고 하여도 가처분이 뒤에 이루어진 가압류에 우선하는 효력이 없으므로, 가압류는 가처분채권자와의 관계에서 유효하다.

가압류 상호간에 그 결정이 이루어진 선후에 따라 뒤에 이루어진 가압류에 대하여 처분금지적 효력을 주장할 수는 없다(대법원 98다42615 판결).

소유권이전등기청구권에 대한 가압류가 있기 전에 가처분이 있었다고 하여도 가처분이 뒤에 이루어진 가압류에 우선하는 효력이 없으므로, 가압류는 가처분채권자와의 관계에서 유효하다.

가압류 상호간에 그 결정이 이루어진 선후에 따라 뒤에 이루어진 가압류에 대하여 처분금지적 효력을 주장할 수는 없다(대법원 98다42615).

가압류신청에서 채권액보다 지나치게 과다한 가액을 주장하여 그 가액대로 가압류결정이 된 경우, 본안판결에서 피보전권리가 없는 것으로 확인된 부분의 범위 내에서는 가압류채권자의 고의·과실이 추정되고, 다만, 특별한 사정이 있으면 고의·과실이 부정된다(대법원 98다3757).

채권에 대한 가압류는 제3채무자에 대하여 채무자에게로의 지급 금지를 명하는 것이므로, 채권을 소멸 또는 감소시키는 등의 행위는 할 수 없고, 그와 같은 행위로 채권자에게 대항할 수 없는 것이지만, 채권의 발생원인인 법률관계에 대한 채무자의 처분까지도 구속하는 효력은 없다 할 것이므로, 채무자와 제3채무자가 아무런 합리적 이유 없이 채권의 소멸만을 목적으로 하는 계약관계를 합의해제 한다는 등의 특별한 경우를 제외하고는 제3채무자는 채권에 대한 가압류가 있은 후라고 하더라도 채권의 발생원인인 법률관계를 합의해제 하고, 이로 인하여 가압류채권이 소멸되었다는 사유를 들어 가압류채권자에게 대항할 수 있다(대법원 98다17930).

부동산에 대한 가압류집행이 이루어졌다고 하더라도 채무자가 여전히 목적물의 이용 및 관리의 권한을 보유하고 있을뿐더러 가압류의 처분금지적 효력은 상대적인 것에 불과하기 때문에 부동산이 가압류되었더라도 채무자는 그 부동산을 매매하거나 기타의 처분행위를 할 수 있고, 다만, 가압류채권자에 대한 관계에서만 처분행위의 유효를 주장할 수 없을 뿐이며, 가압류는 언제든지 해방공탁에 의하여 그 집행취소를 구할 수 있는 것이므로, 부동산에 대한 가압류의 집행이 부당하게 유지되었다고 하더라도 다른 특별한 사정이 없는 한 그 가압류는 부동산을 처분함에 있어서 법률상의 장애가 될 수는 없다고 할 것이나, 어떤 부동산에 대하여 가압류의 집행이 있었고, 그 가압류집행이 계속된 기간 동안 당해 부동산을 처분하지 못하였으며, 나아가 주위 부동산들의 거래상황 등에 비추어 그와 같이 부동산을 처분하지 못한 것이 당해 가압류의 집행으로 인하였을 것이라는 점이 입증된다면 달리 당해 부동산의 처분 지연이 가압류의 집행 이외의 사정 등 가압류채권자 측에 귀책사유 없는 다른 사정으로 인한 것임을 가압류채권자 측에서 주장·입증하지 못하는 한 그 가압류와 당해 부동산의 처분 지연 사이에는 상당인과관계[24]가 있다(대법원 2000다71715 판결).

채권자가 가압류신청을 취하하면 소멸시효중단의 효과도 소급하여 소멸한다(대법원 2010다53273 판결).

부동산에 가압류등기가 경료되면 채무자가 당해 부동산에 대한 처분행위를 하더라도 이로써 가압류채권자에게 대항할 수 없게 되는바, 여기서 처분행위라고 함은 당해 부동산을 양도하거나 이에 대해 용익물권, 담보물권 등을 설정하는 행위를 말하고, 특별한 사정이 없는 한 점유의 이전과 같은 사실행위는 해당하지 않는다. 다만, 부동산에 경매개시결정의 기입등기가 경료되어 압류의 효력이 발생한 후에 채무자가 제3자에게 당해 부동산의 점유를 이전함으로써 그로 인하여 유치권을 취득하게 하는 경우, 그와 같은 점유이전은 처분행위에 해당한다는 것이 당원의 판례이나, 이는 어디까지나 경매개시결정의 기입등기가 경료되어 압류의 효력이 발생한 후에 채무자가 당해 부동산의 점유를 이전함으로써 제3자가 취득한 유치권으로 압류채권자에게 대항할 수 있다고 한다면 경매절차에서의 매수인이 매수가격 결정의 기초로 삼은 현황조사보고서[25]나 매각물건명세서[26] 등에서 드러나지 않는 유치권의 부담을 그대로 인수하게 되어 경매절차의 공정성과 신뢰를 현저히 훼손하게 될 뿐만 아니라 유치권신고 등을 통해 매수신청인이 위와 같은 유치권의 존재를 알게 되는 경우에는 매수가격의 즉각적인 하락이 초래되어 책임재산을 신속하고 적정하게 환가하여 채권자의 만족을 얻게 하려는 민사집행제도의 운영에 심각한 지장을 줄 수 있으므로, 위와 같은 상황에서는 채무자의 제3자에 대한 점유이전을 압류의 처분금지효에 저촉되는 처분행위로 봄이 상당하다는 취지이다.

따라서 이와 달리 부동산에 가압류등기가 경료되어 있을 뿐 현실적인 매각절차가 이루어지지 않고 있는 상황에서는 채무자의 점유이전으로 인하여 제3자가 유치권을 취득한다고 하더라도 이를 처분행위로 볼 수는 없다(대법원 2009다19246).

---

24) 상당인과관계(相當因果關係) : 어떤 원인이 있으면 그러한 결과가 발생하리라고 보통 인정되는 상호관계
25) 현황조사보고서(現況調査報告書) : 법원이 경매개시결정을 한 후 집행관에게 부동산의 현상, 점유관계, 차임, 임대차보증금의 금액 및 기타 현황에 관한 조사를 명하고, 집행관이 이를 조사하여 작성하는 보고서
26) 매각물건명세서(賣却物件明細書) : 경매절차에서 법원이 매수하려는 자 등이 매각물건의 정보를 볼 수 있도록 그 명세를 기록하여 비치한 문서

가압류 목적물의 소유자인 채무자와 목적물에 대한 소유권 또는 담보권을 취득한 제3취득자 사이에서는 해당 거래행위가 유효하다. 다만, 그 거래행위의 유효함을 가압류채권자 및 가압류에 터 잡은 집행절차에 참가한 다른 채권자에게 주장할 수 없을 뿐이다(대법원 94마417 참조).

집행채무자가 압류가 집행된 후에 압류부동산을 제3자에게 양도한 경우에서 집행채무자에 대한 또 다른 채권자는 그 대상물이 존재하지 아니하므로, 중복하여 압류를 할 수 없고, 배당요구도 할 수 없다(대법원 97다57337 참조).

가압류집행 이후 목적물이 제3취득자에게 양도된 경우, 양도 전에 목적물을 가압류한 채권자들은 처분금지적 효력이 미치는 매각대금 부분에 관하여는 제3취득자의 채권자에 대하여 우선적으로 권리를 행사할 수 있다. 즉 제3취득자의 채권자는 매각대금 중 처분금지적 효력이 미치지 아니하는 부분에서만 배당을 받을 수 있을 뿐 처분금지적 효력이 미치는 부분의 매각대금에서는 배당을 받지 못한다(대법원 2006다19986 참조).

지명채권에 대한 가압류의 효력은 제3채무자에게 채권가압류재판의 정본이 송달되면 생긴다. 지병채권을 가압류할 때에는 채무자에게 채권의 처분과 영수를 금지하는 명령을 발하지는 않지만, 채권가압류집행이 있은 뒤에는 채무자는 채권을 처분할 수 없고, 제3채무자도 채무자에게 변제를 하는 등 채무를 소멸시키는 행위를 할 수 없다.

제3채무자가 가압류결정을 위반하여 채무자에게 변제를 하더라도 가압류채권자에게는 대항할 수 없으므로, 가압류채권자가 본안소송에서 집행권원을 얻은 다음 제3채무자에게 지급을 청구하면 이를 거절할 수 없으므로, 제3채무자는 이중지급의 위험을 부담하게 된다.

가압류가 집행된 채권도 이를 양도함에는 제한이 없다. 다만, 이러한 채권의 양수인은 가압류에 의하여 권리가 제한된 상태의 채권을 그대로 양수한다(대법원 99다23888 판결 참조).

채권가압류의 집행 후에 채무자와 제3채무자 사이에 변제 아닌 방법으로 피압류채권을 소멸시키는 행위를 한 경우, 제3채무자가 채권을 소멸 또는 감소케 하는 행위를 하는 것은 가압류의 효력을 부당하게 침해하는 것이 되어 허용되지 아니하므로, 이를 가지고 채권자에게 대항할 수 없다. 다만, 채권의 발생원인인 법률관계에 대한 채무자의 처분행위까지도 구속하는 효력은 없다.

채권에 대한 가압류는 제3채무자에 대하여 채무자에게의 지급 금지를 명하는 것이므로 채권을 소멸 또는 감소시키는 등의 행위는 할 수 없고 그와 같은 행위로 채권자에게 대항할 수 없는 것이지만, 채권의 발생원인인 법률관계에 대한 채무자의 처분까지도 구속하는 효력은 없다 할 것이므로 채무자와 제3채무자가 아무런 합리적 이유 없이 채권의 소멸만을 목적으로 계약관계를 합의해제한다는 등의 특별한 경우를 제외하고는, 제3채무자는 채권에 대한 가압류가 있은 후라고 하더라도 채권의 발생원인인 법률관계를 합의해제하고 이로 인하여 가압류채권이 소멸되었다는 사유를 들어 가압류채권자에 대항할 수 있다(대법원 2001. 6. 1.선고 98다17930 판결).

일반적으로 채권에 대한 가압류가 있더라도 이는 가압류채무자가 제3채무자로부터 현실로 급부를 추심하는 것만을 금지하는 것이므로 가압류채무자는 제3채무자를 상대로 그 이행을 구하는 소송을 제기할 수 있고, 법원은 가압류가 되어 있음을 이유로 이를 배척할 수 없는 것이며, 채권양도는 구 채권자인 양도인과 신채권자인 양수인 사이에 채권을 그 동일성을 유지하면서 전자로부터 후자에게로 이전시킬 것을 목적으로 하는 계약을 말한다 할 것이고, 채권양도에 의하여 채권은 그 동일성을 잃지 않고 양도인으로부터 양수인에게 이전된다 할 것이며, 가압류된 채권도 이를 양도하는 데 아무런 제한이 없으나, 다만 가압류된 채권을 양수받은 양수인은 그러한 가압류에 의하여 권리가 제한된 상태의 채권을 양수받는다고 보아야 할 것이다(대법원 2000. 4. 11.선고 99다23888 판결).

가압류가 집행되면 채무의 소멸시효가 중단된다. 이와 관련하여 몇 가지 사례를 살펴본다.

가압류를 신청할 당시에 이미 사망한 사람을 채무자로 지정한 경우에는 그 가압류결정은 당연무효이므로, 소멸시효 중단의 문제는 있을 수 없다. 그러나 가압류를 신청할 당시에는 채무자가 살아 있었으나, 가압류명령 직전 또는 그 직후에 채무자가 사망한 경우에는 그 상속인들에게 효력이 있는 가압류명령이 되기 때문에 시효중단의 효력이 있다. 이와 같은 법리는 본압류에도 동일하게 적용된다.

가압류의 대상물이 유체동산이 아닌 경우에는 가압류신청 자체를 가압류명령의 신청과 아울러 가압류집행의 신청도 한 것으로 보기 때문에 가압류신청 당시에 소멸시효는 중단된다. 그러나 그 대상물이 유체동산인 경우에는 채권자가 가압류명령을 고지받은 때부터 2주 이내에 집행관에게 가압류의 집행을 신청하여야 하므로, 집행관이 가압류집행에 착수한 때(가압류할 유체동산을 물색하기 시작한 때)에 시효중단의 효력이 생긴다.

유체동산에 대한 가압류집행절차에 착수하지 아니한 경우에는 시효중단의 효력이 없고, 집행절차를 개시하였으나 가압류할 동산이 없기 때문에 집행불능이 된 경우에는 집행절차가 종료된 때로부터 시효가 새로이 진행된다(대법원 2011다10044).

5. 가압류와 다른 절차의 경합

가. 경합의 의의

가압류의 집행과 가압류·가처분·강제집행·체납처분의 집행이 동일한 물건·권리에 대하여 행하여지는 경우가 있다. 이들은 서로 병존할 수도 있고, 선행의 처분에 의하여 후행의 처분이 불허되는 경우도 있다. 이들 모든 경우를 일반적으로 '집행의 경합'이라고 한다.

나. 가압류와 가압류의 경합

동일한 채권자의 동일한 채권의 보전을 위하여 여러 개의 가압류를 하는 것은 보전의 필요성이 인정될 수 없어 허용되지 않는다. 그러나 동일한 채권자가 가진 여러 개의 채권을 위하여 여러 개의 가압류를 발령하는 것은 가능하다. 이는 여러 명의 채권자를 위하여 여러 개의 가압류를 발령하는 것과 마찬가지이기 때문이다. 이 경우 가압류채권자 상호간에는 우열이 없다(대법원 98다42615 판결 참조).

가압류의 집행이 경합된 경우에서 그 중 하나가 본압류로 이행되면 다른 가압류채권자는 배당받을 채권자의 지위가 된다(법 제148조제3호).

다. 가압류와 가처분의 경합

가압류와 가처분은 그 내용이 서로 모순·저촉되지 아니하는 한 경합이 가능하다. 집행의 대상물이 부동산인 경우에 있어서 서로 모순·저촉되는 가압류와 가처분 사이의 우열은 집행의 선후에 의하여 결정된다. 즉 후행의 보전처분은 선행의 보전처분에 의하여 보전된 청구권의 실행을 방해하지 아니하는 한도 내에서 효력을 갖는다는 의미이다.

부동산에 대하여 가압류등기가 된 경우에, 그 가압류채무자(현 소유자)의 전 소유자가 위의 가압류 집행에 앞서 같은 부동산에 대하여 소유권이전등기의 말소청구권을 보전하기 위한 처분금지가처분등기를 경료한 다음, 채무자를 상대로 매매계약의 해제를 주장하면서 소유권이전등기 말소소송을 제기한 결과 승소판결을 받아 확정되기에 이르렀다면, 위와 같은 가압류는 결국 말소될 수밖에 없고, 따라서 이러한 경우 가압류채권자는 민법 제548조 제1항 단서에서 말하는 제3자로 볼 수 없으며, 가처분채권자가 받은 본안판결이 전부 승소판결이 아닌 동시이행판결인 경우도 이와 달리 볼 이유가 없다(대법원 2005. 1. 14.선고 2003다33004).

동일한 부동산에 관하여 동일 순위로 등기된 가압류와 처분금지가처분의 효력은 그 당해 채권자 상호간에 한해서는 처분금지적 효력을 서로 주장할 수 없다(대법원 1998. 10. 30.선고 98마475).

라. 가압류와 강제집행의 경합

가압류와 금전채권에 터 잡은 강제집행은 가압류가 선행하는지 여부와 무관하게 경합이 가능하다. 따라서 가압류가 집행된 뒤에도 다른 금전채권자는 가압류의 목적물에 대하여 강제집행을 신청할 수 있다.

가압류를 집행한 후에 다른 채권자가 강제집행을 개시하여 그 절차가 진행되는 동안에 가압류채권자를 위한 본집행이 개시되면 안분배당을 하게 되고, 다른 채권자의 강제집행절차가 배당의 단계에 이르도록 가압류에 의한 본집행이 개시되지 아니한 때에는 나중에 가압류채권자에게 배당하여야 할 금액은 공탁을 하게 된다(법 제160조제1항제2호).

가압류가 집행된 채권에 대하여 추심명령은 가능하지만, 전부명령은 허용되지 않는다. 전부명령은 피전부채권의 종국적 이전을 가져오는 절차이기 때문이다.

마. 가압류와 체납처분의 경합

「국세징수법」 제35조는 "재판상의 가압류 또는 가처분 재산이 체납처분 대상인 경우에도 이 법에 따른 체납처분을 한다."고 규정하고, 「국세기본법」 제35조제1항본문은 "국세·가산금 또는 체납처분비는 다른 공과금이나 그 밖의 채권에 우선하여 징수한다."고 규정하여 국세우선주의의 원칙을 천명하고 있다. 따라서 가압류집행이 선행되었더라도 그에 구애되지 않고 국세의 집행이 우선한다.

현행법상 국세체납절차와 민사집행절차는 별개의 절차로서 양 절차 상호간의 관계를 조정하는 법률의 규정이 없으므로 한쪽의 절차가 다른 쪽의 절차에 간섭할 수 없는 반면, 쌍방 절차에서 각 채권자는 서로 다른 절차에서 정한 방법으로 그 다른 절차에 참여할 수밖에 없으므로(대법원 1999. 5. 14. 선고 99다3686 판결 참조), 동일한 채권에 대하여 체납처분절차에 의한 압류와 민사집행절차에 의한 압류가 서로 경합하는 경우에도 세무공무원은 체납처분에 의하여 압류한 채권을 추심할 수 있고, 청산절차가 종결되면 그 채권에 대한 민사집행절차에 의한 가압류나 압류의 효력은 상실된다. 따라서 보전처분에 기하여 가압류가 된 채권에 대하여 체납처분에 의한 압류가 있고 그에 기하여 피압류채권의 추심이 이루어진 후에 그 체납처분의 기초가 된 조세부과처분이 취소되었다고 하더라도, 특별한 사정이 없는 한 그 환급금채권은 조세를 납부한 자에게 귀속되므로 민사집행절차에 의한 가압류 및 압류 채권자로서는 조세부과처분의 취소에 따른 환급금에 대하여 부당이득반환을 구할 수는 없다(대법원 2002. 12. 24.선고 2000다26036).

가압류집행의 취소 및 본압류로의 이전

1. 가압류집행의 취소

가. 가압류집행의 취소란?

가압류집행의 취소는 이미 실시한 가압류집행을 장래를 향하여 취소하는 것을 말하므로, 사실은 '철회'에 해당한다. 그러나 이 취소에는 원상회복이 따를 경우도 있으므로, 고유 의미의 취소에 해당할 수도 있다. 이는 채권자가 스스로 취소하는 '취하'와는 다른 것이다. 그리고 가압류결정 그 자체의 취소와 다른 점은 앞에서 검토하였다.

가압류집행의 취소신청권자는 채권자와 채무자 또는 그의 승계인이다. 이하 이를 사례별로 나누어서 검토한다.

나. 채권자의 집행취소신청

채권자는 가압류의 집행상태가 계속되고 있는 동안에는 언제든지 그 집행을 취소해 달라고 신청할 수 있다. 이를 '집행해제신청' 또는 '집행신청의 취하'라고 부르기도 한다.

채권자의 집행취소신청은 채무자에게는 아무런 불이익을 주지 않는 행위이므로, 채권자가 집행취소신청을 함에는 채무자의 동의는 필요로 하지 않는다. 그리고 채무자도 이 신청에 대하여는 이의를 신청할 실익이 없다.

이 신청은 집행기관에 대하여 하여야 한다. 부동산, 채권 등에 대한 가압류는 그 가압류를 집행한 기관인 법원에 대하여, 동산에 대한 가압류의 집행이면 그 집행기관인 집행관에 대하여 각각 취소신청을 하여야 한다.

[가압류집행 해제신청서)

가압류집행 해제신청

사건번호   2017카○○○호 채권가압류

채 권 자   성명(–   )
                주소
                전화번호

채 무 자   성명(–   )
                주소

위 당사자 사이의 귀원 위 가압류사건에 관하여 쌍방 원만히 합의가 이루어졌으므로, 별지 목록 기재 부동산에 대한 가압류집행을 해제하여 주시기 바랍니다.

2017. ○. ○.

위 채권자 ○○○(인)

○○○○**법원 귀중**

※ 가압류의 목적물이 등기나 등록에 의하여 공시되는 물건인 때에는 해당 등기나 등록에 기입된 가압류등기(등록)를 말소할 수 있는 서류를 덧붙여야 한다.

다. 해방금공탁에 따른 취소

가압류절차는 강제집행절차를 준용하므로, 집행에 관한 이의신청·즉시항고·제3자 이의의 소 등의 절차에 의해서도 취소될 수 있다.

가압류집행의 취소 중에서도 가장 많이 활용되는 것은 가압류해방금공탁에 의한 취소가 있다.

법원이 채무자에게 가압류결정을 송달할 때에는 가압류해방공탁금액을 고지하여야 한다. 채무자는 이 결정에 터 잡아 법원에 가압류해방금을 공탁하고, 그 공탁서를 첨부하여 집행법원에 가압류의 취소를 신청할 수 있다. 법원은 이 신청을 받으면 가압류를 반드시 취소하여야 한다(법 제299조제1항).

가압류해방금액은 채무자가 입을 수 있는 손해를 담보하는 취지의 이른바 소송상의 담보와는 달리 가압류의 목적물에 갈음하는 것으로서 금전의 공탁만이 허용되고, 유가증권에 의한 공탁은 그 유가증권이 실질적 통용가치가 있는 것이라고 하더라도 허용되지 않는 것이다(대법원 96마162).

[해방금공탁에 따른 가압류취소신청서]

가 압 류 취 소 신 청

사　　　건　　　2017카단○○○○호 부동산가압류

신 청 인　　　성명　○　○　○(　　　　－　　　　)
(채무자)　　　주소

피신청인　　　성명　○　○　○
(채권자)　　　주소

위 당사자 사이의 위 사건에 관하여 신청인은 법원에서 결정한 가압류해방금을 공탁하였으므로, 위 가압류집행을 취소하여 주시기 바랍니다.

첨　부　서　류

1. 부동산가압류결정 등본 1통.
1. 공탁서 1통.
1. 송달료납부서 1통.
1. 등록세영수필통지서 1통.

2017. ○. ○.

위 신청인(채무자)　○　○　○(인)

○○지방법원 귀중

* 이 신청서에는 수입인지 10,000원짜리와 수입증지(토지 1필마다) 3,000원짜리를 붙인다.

* 등록세(교육세 포함)는 토지 1필 당 3,600원을 시·군·구청에 납부한다.

* 송달료는 당사자의 수 × 2회분 × 3,700원을 예납한다.

라. 가압류이유의 소멸 또는 사정변경에 따른 취소

채무자는 가압류이유가 소멸되거나 그 밖에 사정이 바뀐 때에는 가압류가 인가된 뒤에도 그 취소를 신청할 수 있다(법 제288조제1항제1호).

가압류이유가 소멸되거나 사정이 바뀐 때라고 함은 채권자와의 관계에서 변제, 변제공탁, 상계 또는 소멸시효의 완성 등으로 인하여 채무가 소멸한 경우 등을 말한다.

채권자가 가압류결정을 수령한 뒤 2주가 지나도록 가압류집행이 이루어지지 아니한 경우도 여기에 해당한다. 또 담보를 제공할 것을 조건으로 가압류를 인가한 경우에서 채권자가 담보를 제공하지 아니한 경우도 사정변경에 해당한다.

가압류결정 이후 가압류채권자가 본안소송에서 패소판결을 받고, 그 판결이 상급심에서 변경될 가능성이 없다고 인정되는 경우에도 사정변경이 있는 경우에 해당한다(대법원 2004다29248 판결 참조).

[압류이유 소멸에 따른 가압류취소신청서]

가 압 류 취 소 신 청

신 청 인(채무자)　　　성명 ○○○(　　　-　　　)

　　　　　　　　　　　주소

　　　　　　　　　　　전화번호

피신청인(채권자)　　　성명 ○○○(　　　-　　　)

　　　　　　　　　　　주소

　　　　　　　　　　　전화번호

신 청 취 지

1. 위 당사자 사이의 귀원 2016카단○○○○호 부동산가압류신청사건에 관하여 귀원이 2016. ○. ○. 발령한 가압류결정은 이를 취소한다.
2. 소송비용은 피신청인의 부담으로 한다.

라는 재판을 구합니다.

신 청 이 유

1. 피신청인은 신청인을 상대로 2016. ○. ○. 귀원 2016카단○○○○호 부동산가압류결정을 받아 같은 해 ○. ○○. 가압류집행을 마쳤습니다.
2. 신청인은 위 가압류집행 이후인 2017. ○. ○. 피신청인의 청구채권인 돈 50,000,000원을 피신청인 앞으로 변제공탁을 한 사실이 있으므로, 위 가압류결정을 취소하여 주시기 바랍니다.

첨 부 서 류

1. 공탁서 사본 1통.
1. 송달료납부서 1통.
1. 신청서 부본 1통.

2017. ○. ○.

위 신청인(채무자) ○ ○ ○(인)

○○**지방법원 귀중**

※ 이 신청서에는 2,000원짜리 인지를 붙인다.

※ 송달료는 당사자의 수 × 8회분 × 3,700원에 해당하는 금액을 예납한다.

마. 가압류 집행 후 3년 동안 본안소송 미제기에 따른 취소

가압류가 집행된 뒤에 채권자가 3년 동안 본안의 소를 제기하지 아니한 때에는 채무자는 가압류의 취소를 신청할 수 있다. 이 취소는 이해관계인도 신청할 수 있다(법 제288조제1항제3호).

가압류의 집행이 완료된 후 3년이 경과하면 취소의 요건이 완성되므로, 그 후에 본안의 소를 제기했더라도 가압류의 취소를 배제하는 효력이 생기지는 않는다(대법원 99 다37887 판결 참조).

[가압류 집행 후 3년 도과에 따른 가압류취소신청서]

가 압 류 취 소 신 청

신 청 인(채무자)　성명 ○○○(　　　－　　　)

　　　　　　　　　주소

　　　　　　　　　전화번호

피신청인(채권자)　성명 ○○○(　　　－　　　)

　　　　　　　　　주소

　　　　　　　　　전화번호

신 청 취 지

1. 위 당사자 사이의 귀원 2014카단○○○호 부동산가압류신청사건에 관하여 귀원이 2014. ○. ○.자로 한 가압류결정은 이를 취소한다.
2. 소송비용은 피신청인의 부담으로 한다.

라는 재판을 구합니다.

신 청 이 유

1. 피신청인은 신청인을 상대로 2014. ○. ○. 귀원 2014카단○○○호 부동산가압류결정을 받아 같은 달 ○○. 신청인 소유 별지 목록 기재 부동산에 대하여 가압류집행을 마쳤습니다.
2. 그런데 피신청인은 위 가압류집행을 마친 후 3년이 경과하도록 본안의 소를 제기한 사실이 없습니다. 따라서 위 가압류는 취소되어야 하므로, 이 신청에 이르렀습니다.

소 명 방 법

1. 소을 제1호증 부동산가압류결정 등본
1. 소을 제2호증 부동산등기사항전부증명서

첨 부 서 류

1. 위 소명방법 각 1통.
1. 송달료납부서 1통.

2017. ㅇ. ㅇ.

위 신청인(채무자) ㅇ ㅇ ㅇ(인)

○○지방법원 귀중

※ 이 신청서에는 2,000원짜리 인지를 붙인다.

※ 송달료는 당사자의 수 × 8회분 × 3,700원에 해당하는 금액을 예납하고, 그 영수증인 송달료납부서를 덧붙인다.

바. 법원의 취소재판

채무자는 가압류명령 이후 이의신청·즉시항고·취소신청·제3자이의의 소[27] 등의 절차를 통하여 가압류집행을 취소하는 재판을 받을 수도 있다. 이와 같은 재판을 받으면 법 제49조 및 제50조의 규정에 따라 집행법원에 가압류집행의 취소를 신청할 수 있다.

앞에서 검토했던 가압류해방금의 공탁, 가압류이유의 소멸이나 사정변경, 가압류집행 후 3년 동안 본안소송 미제기 등에 따른 취소는 가압류명령 자체의 취소인 반면, 여기의 취소는 가압류집행행위의 취소이다.

2. 본압류로의 이전

가. 본압류로의 이전이란?

만약 가압류채권자가 가압류를 집행하지 아니한 채 본안소송을 제기하여 승소확정판결을 받는다면 그 판결을 집행권원으로 하여 강제집행을 할 때에 본압류를 집행하게 된다.

그러나 가압류채권자는 이미 가압류를 집행해두었기 때문에 본안에서 승소확정판결을 받은 뒤에 다시 동일한 채무자의 재산에 대하여 별도의 압류를 실시하기보다는 이미 집행한 가압류를 간편한 절차에 의해 본압류로 전환하면 압류의 효력이 생긴다. 이처럼 가압류를 본압류로 전환하면서 강제집행을 개시하는 절차를 '본압류로의 이전'이라고 한다.

나. 본압류로의 이전 절차 및 효과

가압류에서 본압류로 이전하는 절차는 압류의 대상물이 무엇인가에 따라 그 방법을 달리한다.

---

27) 제3자이의의 소(第三者異意의 訴) : 제3자이의의 소는 가압류나 압류의 집행을 받은 제3자로서 목적물에 대한 소유권을 가지거나 목적물의 양도 또는 인도를 막을 수 있는 권리를 가진 자가 제기하는 소송을 말한다.

유체동산의 경우에는 집행관이 이미 압류대상 물건을 점유하고 있으므로, 채권자가 집행관에게 현금화절차를 위임함으로써 집행하면 된다. 대상물이 채권인 경우에는 본 압류로 이전하면서 동시에 추심명령 또는 전부명령을 신청하여 집행하게 된다.

추심명령은 채무자가 제3채무자에 대하여 가지고 있는 채권을 대위절차 없이 채무자를 대신하여 직접 추심(推尋 : 변제를 수령함)할 권리를 집행채권자에게 부여하는 집행법원의 결정을 말한다.

전부명령(轉付命令)은 압류한 금전채권을 권면액(券面額)으로 집행채권과 집행비용청구권의 변제에 갈음하여 압류채권자에게 이전하는 집행법원의 명령이다.

전부명령으로 압류채권자는 만족을 얻기 때문에 이후의 위험부담은 채권자에게 이전된다. 전부명령의 경우는 다른 채권자의 배당가입(配當加入)을 허용하지 않고 압류채권자는 우선적으로 변제를 받으므로, 우리나라에서는 추심명령보다 많이 이용되는 경향이 있다. 다만 금전 이외의 유체물의 인도청구를 목적으로 하는 채권이나 당사자 사이에 양도금지의 특약 있는 채권 등은 전부명령을 발하는 데 적당하지 않고, 이미 압류가 경합된 채권이나 이미 배당요구가 있는 채권도 배당평등주의를 해치기 때문에 전부명령이 불가능하다.

전부명령이 발해지면 채권자는 압류채권의 주체가 되므로, 담보권도 채권자에게 이전되고 제3채무자는 압류채권자의 채무자로 되며, 채무자에 대한 항변사유(抗辯事由)로써 채권자에게 대항할 수 있게 된다. 압류채권자 이외의 제3자는 전부명령 후에는 배당요구를 할 수 없다.

전부명령은 추심명령보다 허용 범위가 약간 제한되기는 하지만 이를 고려하지 않는다면 금전채권의 현금화방법으로서 전부명령과 추심명령 중 어느 것을 선택할 것인가는 원칙적으로 압류채권자의 의사에 달려있다. 그러나 전부명령의 경우에는 다른 채권자가 배당요구를 할 수 없어 압류채권자가 독점적 만족을 얻을 수 있는 이점이 있는 반면 제3채무자가 무자력인 때에는 전혀 만족을 얻을 수 없게 되는 위험을 부담하게 되고, 추심명령의 경우에는 그와 반대의 상황이 된다. 따라서 실무에서는 제3채무자의 자력이 확실할 때에만 전부명령을 신청한다.

부동산에 대한 가압류가 집행된 후 그 가압류가 강제경매개시결정 등으로 인하여 본압류로 이행된 경우에는 가압류집행이 본집행에 포섭됨으로써 당초부터 본집행이 행하여진 것과 같은 효력이 있고, 본집행이 유효하게 존속하는 한 그 가압류등기는 집행법원의 말소촉탁이 있는 경우라도 말소할 수 없다(대법원 2012마180).

가압류와 강제집행의 효력은 연속일체를 이루는 것이므로, 본집행인 강제집행절차가 집행목적 달성이 불가능하게 되어 종료된 경우에는 그에 선행한 가압류집행도 효력을 상실한다(대법원 80마146).

[가압류를 본압류로 이전하는 채권압류 및 추심명령신청서)

가압류로부터 본압류로 이전하는 채권압류 및 추심명령신청

채 권 자   성명 김 ○ ○(-   )
　　　　　주소
채 무 자   성명 이 ○ ○(-   )
　　　　　주소
제3채무자   성명 박 ○ ○
　　　　　주소

청구채권의 표시

1. 돈 20,000,000원(○○지방법원 2015가단○○○호 대여금청구사건의 집행력 있는 판결정본에 터 잡은 채권)
2. 위 금원에 대한 2014. 1. 1.부터 2015. 1. 1.까지는 연 5%, 2015. 1. 2.부터 다 갚는 날까지는 연 15%의 비율로 계산한 이자 및 지연손해금

이전하는 압류 및 추심할 채권의 표시

1. 돈 50,000,000원 중 위 청구채권액
2. 채무자가 제3채무자에 대하여 갖고 있는 임대보증금(서울 ○○구 ○○길 ○○-○ 단독주택 2층)의 반환청구채권

신 청 취 지

1. 위 청구채권의 변제에 충당하기 위하여 ○○지방법원 2014카단○○○호로 가압류한 채권은 ○○지방법원 2015가단○○○○호 대여금청구사건의 집행력 있는 판결정본에 터 잡아 이를 본압류로 이전한다.
2. 이 명령에 의하여 압류한 채권은 이를 채권자가 추심할 수 있다.
라는 재판을 구합니다.

신 청 원 인

1. 채권자는 채무자에 대하여 20,000,000원의 대여금청구채권에 터 잡아 채무자의 제3채무자에 대한 임대보증금반환청구채권에 대하여 2014. 1. 1. 가압류집행을 하였습니다.
2. 위 가압류를 집행한 뒤 채권자는 채무자를 상대로 귀원 2015가단○○○○호 대여금청구사건에서 2015. 2. 2. 집행력 있는 확정판결을 얻었습니다.

3. 따라서 채권자는 2014카단○○○호 채권가압류결정으로 집행을 보전한 돈 20,000,000원과 그에 대한 이자채권 및 지연손해금채권을 추심하기 위하여 이 신청을 하게 되었습니다.

소명자료 및 첨부서류

1. 채권가압류결정 및 송달증명원 각 1통.
1. 집행력 있는 판결 정본 1통.
1. 송달료납부서 1통.

2017. ○. ○.

위 채권자(신청인)   김 ○ ○(인)

○○○○지방법원 귀중

* 이 신청서에는 4,000원의 인지(압류부분 2,000원, 추심명령 부분 2,000원)를 붙인다.
* 송달료는 당사자의 수 × 3회분 × 3,700원에 해당하는 금액을 예납한다.
* 가압류를 본압류로 이전하면서 전부명령을 신청하는 경우에도 요령은 위와 같다.
* 가압류가 유효해야만 본압류로 이전할 수 있다. 가압류가 채무자 및 제3채무자에게 송달 되어야 가압류의 효력이 생긴다. 따라서 가압류의 효력이 발생하였다는 점을 소명하는 자료로써 송달증명서를 첨부하는 것이다. 송달증명서는 이 신청서를 제출하는 자리에서 즉시 교부신청이 가능하다.

3. 압류할 수 없는 물건

「민사집행법」의 규정

제195조(압류가 금지되는 물건) 다음 각호의 물건은 압류하지 못한다.

1. 채무자 및 그와 같이 사는 친족(사실상 관계에 따른 친족을 포함한다. 이하 이 조에서 "채무자등"이라 한다)의 생활에 필요한 의복·침구·가구·부엌기구, 그 밖의 생활필수품

2. 채무자등의 생활에 필요한 2월간의 식료품·연료 및 조명재료

3. 채무자등의 생활에 필요한 1월간의 생계비로서 대통령령이 정하는 액수의 금전

4. 주로 자기 노동력으로 농업을 하는 사람에게 없어서는 아니 될 농기구·비료·가축·사료·종자, 그 밖에 이에 준하는 물건

5. 주로 자기의 노동력으로 어업을 하는 사람에게 없어서는 아니 될 고기잡이 도구·어망·미끼·새끼고기, 그 밖에 이에 준하는 물건

6. 전문직 종사자·기술자·노무자, 그 밖에 주로 자기의 정신적 또는 육체적 노동으로 직업 또는 영업에 종사하는 사람에게 없어서는 아니 될 제복·도구, 그 밖에 이에 준하는 물건

7. 채무자 또는 그 친족이 받은 훈장·포장·기장, 그 밖에 이에 준하는 명예증표

8. 위패·영정·묘비, 그 밖에 상례·제사 또는 예배에 필요한 물건

9. 족보·집안의 역사적인 기록·사진첩, 그 밖에 선조숭배에 필요한 물건

10. 채무자의 생활 또는 직무에 없어서는 아니 될 도장·문패·간판, 그 밖에 이에 준하는 물건

11. 채무자의 생활 또는 직업에 없어서는 아니 될 일기장·상업장부, 그 밖에 이에 준하는 물건

12. 공표되지 아니한 저작 또는 발명에 관한 물건

13. 채무자등이 학교·교회·사찰, 그 밖의 교육기관 또는 종교단체에서 사용하는 교과서·교리서·학습용구, 그 밖에 이에 준하는 물건

14. 채무자등의 일상생활에 필요한 안경·보청기·의치·의수족·지팡이·장애보조용 바퀴의자, 그 밖에 이에 준하는 신체보조기구

15. 채무자등의 일상생활에 필요한 자동차로서 자동차관리법이 정하는 바에 따른 장애인용 경형자동차

16. 재해의 방지 또는 보안을 위하여 법령의 규정에 따라 설비하여야 하는 소방설비·경보기구·피난시설, 그 밖에 이에 준하는 물건

「민사집행법」 제195조 제3호는 "채무자등의 생활에 필요한 1월간의 생계비로서 대통령령이 정하는 액수의 금전"은 압류할 수 없다고 규정하였다.

위 규정에 따라 「민사집행법 시행령」 제2조는 압류금지 생계비를 150만원으로 정하였다. 다만, 법 제246조제1항제8호에 따라 압류하지 못한 예금(적금·부금·예탁금과 우편대체를 포함한다)이 있으면 150만원에서 그 예금등의 금액을 뺀 금액으로 한다.

4. 압류할 수 없는 채권

「민사집행법」의 규정

제246조(압류금지채권) ① 다음 각호의 채권은 압류하지 못한다.

1. 법령에 규정된 부양료 및 유족부조료(遺族扶助料)

2. 채무자가 구호사업이나 제3자의 도움으로 계속 받는 수입

3. 병사의 급료

4. 급료·연금·봉급·상여금·퇴직연금, 그 밖에 이와 비슷한 성질을 가진 급여채권의 2분의 1에 해당하는 금액. 다만, 그 금액이 국민기초생활보장법에 의한 최저생계비를 감안하여 대통령령이 정하는 금액에 미치지 못하는 경우 또는 표준적인 가구의 생계비를 감안하여 대통령령이 정하는 금액을 초과하는 경우에는 각각 당해 대통령령이 정하는 금액으로 한다.

5. 퇴직금 그 밖에 이와 비슷한 성질을 가진 급여채권의 2분의 1에 해당하는 금액

6. 「주택임대차보호법」제8조, 같은 법 시행령의 규정에 따라 우선변제를 받을 수 있는 금액

7. 생명, 상해, 질병, 사고 등을 원인으로 채무자가 지급받는 보장성보험의 보험금(해약환급 및 만기환급금을 포함한다). 다만, 압류금지의 범위는 생계유지, 치료 및 장애회복에 소요될 것으로 예상되는 비용 등을 고려하여 대통령령으로 정한다.

8. 채무자의 1월간 생계유지에 필요한 예금(적금·부금·예탁금과 우편대체를 포함한다). 다만, 그 금액은 「국민기초생활 보장법」에 따른 최저생계비, 제195조제3호에서 정한 금액 등을 고려하여 대통령령으로 정한다.

② 법원은 제1항제1호부터 제7호까지에 규정된 종류의 금원이 금융기관에 개설된 채무자의 계좌에 이체되는 경우 채무자의 신청에 따라 그에 해당하는 부분의 압류명령을 취소하여야 한다.

③ 법원은 당사자가 신청하면 채권자와 채무자의 생활형편, 그 밖의 사정을 고려하여 압류명령의 전부 또는 일부를 취소하거나 제1항의 압류금지 채권에 대하여 압류명령을 할 수 있다.

④ 제3항의 경우에는 제196조제2항 내지 제5항의 규정을 준용한다.

법 제246조제1항제4호 단서에서 "「국민기초생활 보장법」에 의한 최저생계비를 감안하여 대통령령이 정하는 금액"이란 월 150만원을 말한다.

법 제246조제1항제4호 단서에서 규정한 "표준적인 가구의 생계비를 감안하여 대통

령령이 정하는 금액"이란 300만원 이상으로서 〔월 300만원 + 법 제246조제1항제4호 본문에 따른 압류금지금액(월액으로 계산한 금액을 말한다)에서 월 300만원을 뺀 금액의 2분의 1〕을 말한다.

급여채권의 금액을 계산할 때 채무자가 다수의 직장으로부터 급여를 받거나 여러 종류의 급여를 받는 경우에는 이를 합산한 금액을 급여채권으로 한다.

Ⅱ. 가처분

II. 가처분

가처분의 명령절차

1. 가처분이란?

가처분(假處分)은 「민사집행법」상 강제집행을 보전(保全)하기 위한 제도로서 가압류와 함께 보전처분의 일종이다. 이는 금전채권을 제외한 채권의 집행보전을 위하여 이용되며, '특정물채권의 집행보전을 위한 다툼의 대상에 관한 가처분'과 '권리의 보전을 위한 임시의 지위를 정하기 위한 가처분'의 두 가지로 나뉜다.

2. 가처분의 종류 및 요건

가. 다툼의 대상에 관한 가처분

1) 들어가는 글

다툼의 대상에 관한 가처분은 현상(現狀)이 바뀌면 당사자가 권리를 행사하지 못하거나 이를 실행하는 것이 매우 곤란할 염려가 있을 경우에 한다(법 제300조제1항).

현상의 변경은 다툼의 대상에 관하여 발생할 것을 요하므로, 채무자의 재산상태가 악화된다거나 채무자의 다른 재산으로부터 채권의 만족을 얻을 수 없는 등의 사유는 여기에서는 고려의 대상이 되지 않는다.

「민사집행규칙」의 관련 규정

제215조(처분금지가처분의 집행) 물건 또는 권리의 양도, 담보권 설정, 그 밖의 처분을 금지하는 가처분의 집행은 그 성질에 어긋나지 아니하는 범위 안에서 가압류의 집행의 예에 따라 실시한다.

제216조(그 밖의 재산권에 대한 가처분) 권리이전에 등기 또는 등록이 필요한 그 밖의 재산권에 대한 가처분에는 제213조제1항의 규정을 준용한다.

제217조(예탁유가증권에 대한 가처분) 예탁유가증권의 처분을 금지하는 가처분에는 제214조의 규정을 준용한다.

제213조(채권과 그 밖의 재산권에 대한 가압류) ① 권리이전에 등기 또는 등록이 필요한 그 밖의 재산권에 대한 가압류는 등기 또는 등록을 하는 곳을 관할하는 지방법원이나 본안의 관할법원이 관할한다.

제214조(예탁유가증권에 대한 가압류) ① 예탁유가증권[28]을 가압류하는 때에는 예탁원 또는 예탁자에 대하여 예탁유가증권지분에 관한 계좌대체와 증권의 반환을 금지하는 명령을 하여야 한다.

② 예탁유가증권에 대한 가압류에는 제159조, 제160조제1항, 제178조, 법 제188조제2항, 법 제226조, 법 제227조제2항 · 제3항, 법 제234조, 법제235조, 법 제237조제2항 · 제3항 및 법 제296조제2항의 규정을 준용한다. 이 경우 제159조제1항제1호, 제160조제1항, 법 제226조, 법 제227조제2항 · 제3항 및 법 제237조제2항 · 제3항에 "제3채무자"라고 규정된 것은 "예탁원 또는 예탁자"로, 법 제296조제2항에 "채권가압류"라고 규정된 것은 "「민사집행규칙」 제214조제1항의 가압류"로 본다.

---

28) 예탁유가증권 : 「증권거래법」에 의해 예탁자인 증권회사나 외국환은행으로부터 증권예탁원이 예탁 받은 유가증권

다툼의 대상에 관한 가처분과 관련하여 대법원의 태도를 개략적으로 정리해본다. 이는 피보전권리 및 보전의 필요성과 관련한 내용이다.

피보전권리가 금전적 청구권이 아닌 한 물권적 청구권인지 채권적 청구권인지는 따지지 않는다. 신분법상의 청구권도 무방하다. 채권자의 채무자에 대한 금전청구권은 피보전권리로 할 수 없지만, 채무자의 제3채무자에 대한 금전청구권은 피보전권리가 될 수 있다.

조건부·기한부 또는 장래이행청권도 피보전권리가 될 수 있다. 따라서 토지거래계약허가구역 안에 있는 토지에 대한 매매계약에 터 잡은 소유권이전등기청구권은 조건부 또는 부담부 청구권에 해당하지 않아 피보전권리가 될 수 없으나, 토지거래허가의 신청절차에 협력할 것을 구하는 청구권은 피보전권리가 된다.

등기청구권 보전을 위한 가등기가처분은 「부동산등기법」의 규정에 의하여 「비송사건절차법」에 따라 심판이 되므로, 여기의 가처분에 의하여 처리될 수는 없다.

피보전권리와 본안의 소송물인 권리관계가 엄격히 일치할 필요는 없고, 청구의 기초에 동일성이 있으면 가처분이 허용된다.

채권자의 청구권이 본권(本權) 없는 점유권에 터 잡은 것일지라도 피보전권리가 될 수 있다.

같은 피보전권리에 대하여 다른 채권자가 같은 내용의 가처분을 집행했더라도 보전의 필요성이 부인되지 않는다. 그러나 법률상 다른 구제수단이 있을 때에는 보전의 필요성이 부인된다.

피보전권리가 소멸되면 보전의 필요성도 소멸된 것으로 처리한다. 이 점은 만족적 가처분(임시의 지위를 정하는 가처분)과 다른 점이다.

어느 토지나 건물의 소유자가 종전부터 향유하고 있던 경관이나 조망, 조용하고 쾌적한 종교적 환경 등이 그에게 하나의 생활이익으로서의 가치를 가지고 있다고 객관적으로 인정된다면 법적인 보호의 대상이 될 수 있는 것이므로, 인접 대지

위에 건물의 건축 등으로 그와 같은 생활이익이 침해되고, 그 침해가 사회통념상 일반적으로 수인(受忍)할 정도를 넘어선다고 인정될 경우에는 위 토지 등의 소유자는 그 소유권에 기하여 건물의 건축금지 등 방해의 제거나 예방을 위하여 필요한 청구를 할 수 있다(대법원 98다47528 판결).

명예는 생명, 신체와 함께 매우 중대한 보호법익이고, 인격권으로서의 명예권은 물권과 마찬가지로 배타성을 가지는 권리라고 할 것이므로, 사람의 품성, 덕성, 명성, 신용 등의 인격적 가치에 관하여 사회로부터 받는 객관적인 평가인 명예를 위법하게 침해당한 자는 손해배상 또는 명예회복을 위한 처분을 구할 수 있는 이외에 인격권으로서의 명예권에 기초하여 가해자에 대하여 현재 이루어지고 있는 침해행위를 배제하거나 장래에 생길 침해를 예방하기 위하여 침해행위의 금지를 구할 수도 있다(대법원 2003마1477).

부동산의 공유지분권자가 공유물분할의 소를 본안으로 제기하기에 앞서 그 승소판결이 확정됨으로써 취득할 특정부분에 대한 소유권을 피보전권리로 하여 부동산 전부에 대한 처분금지가처분도 할 수 있다(대법원 2000마6135).

세무서장이 상속인에게 부과처분한 상속세에 관하여 경매법원에 대하여 한 교부청구는 국세징수법상의 체납처분의 일종으로서 그 자체가 행정처분이므로, 신청인이 주장하는 상속세 우선교부청구권부존재확인소송은 행정소송의 대상이고, 위 본안소송을 위한 보전절차로써 피신청인으로 하여금 위 교부청구한 배당금 수령을 금지하여 달라는 신청은 결국 행정처분의 집행을 막아달라는 것이 되어 「행정소송법」 제10조에 의한 집행정지결정을 구하는 방법에 의하여야 하고, 민사상 가처분으로는 할 수 없다(대법원 74마446).

건축 관계 법령에 규정된 일조권(日照權) 등의 확보를 위한 높이제한 규정, 이웃나라 일본의 규정과 실무와의 대비 등을 고려하여 볼 때 경인지역에 있어서의 아파트와 같은 공동주택의 경우에는 동지일(冬至日)을 기준으로 9시부터 15시까지의 6시간 중 일조시간이 연속하여 2시간 이상 확보되는 경우 또는 동지일을 기준으로 8시에서 16시까지 사이의 8시간 중 일조시간이 통틀어서 최소한 4시간 정도 확보되는 경우에는 이를 수인하여야 하고, 그 두 가지 중 어느 것에도 속하지 아니하는 일조저해(日照沮害)의 경우에는 수인한도(受忍限度)를 넘는다고 봄이 상당하다(대법원 94나11806).

가처분 신청인에게 그 계쟁물에 대하여 소유권이 없고 비록 종말에 가서는 그 목적물의 소유자에게 인도를 하여 주어야 하고 그때까지는 신청인의 점유가 불법점유라 할 수 있을지언정 정당한 절차를 밟아 신청인이 그 목적물을 인도할 때까지는 점유자라 할 것이므로, 그 점유의 방해를 받을 염려가 있는 때에는 그 방해의 예방을 청구할 수 있고 그 밖의 조처도 청구할 수 있다(대법원 1967. 4. 4.선고 66다2641).

2) 점유이전금지가처분

점유이전금지의 가처분은 특정물에 대한 현재의 점유상태를 변경하지 못하게 하는 가처분이다. 권리자가 물건의 인도청구권에 관한 판결을 받아 이를 강제집행을 하려고 할 때 사실심[29]의 변론종결 전에 피고가 그 판결상의 피고 아닌 사람에게 점유를 이전해두면 강제집행을 할 수 없게 된다. 변론종결 후의 승계인이 아니기 때문이다. 이와 같은 현상변경을 막기 위한 것이 이 제도의 취지이다.

---

29) 사실심(事實審) : 사실심은 민사소송의 제1심 및 제2심을 말한다. 이에 대비하여 상고심은 법률심이라고 한다.

이 가처분을 신청하기 위해서는 목적물에 대한 이행청구권이 있고, 보전의 필요성이 인정되어야 한다.

다툼의 대상에 관한 가처분의 피보전권리는 금전채권이 아닌 특정물에 대한 이행청구권(주로 인도청구권)이다. 따라서 이 피보전권리의 본안소송은 대부분 이행의 소가 될 것이다. 청구권은 소의 이익이 있는 것으로서 사법상(私法上)의 권리이기만 하면 그 종류는 묻지 않는다. 그 의무의 내용은 물건의 인도·철거, 물건에 대한 권리의 이전 등 작위의무, 물건의 이용에 관한 부작위의무, 출입의 허용과 같은 수인의무(受忍義務) 등이 그것이다.

조건이 붙은 채권이거나 기한이 차지 아니한 채권일지라도 가처분을 할 수 있다. 동시이행의 항변권이나 유치권이 붙어있는 채권이라도 피보전권리가 될 수 있다. 청구권의 권원이 소유권 아닌 점유권일지라도 무방하다는 것이 대법원의 입장이다.

다만, 등기청구권을 보전하기 위한 목적의 가등기가처분은 「부동산등기법」 제38조의 규정에 따라야 하므로, 「비송사건절차법」의 규정에 의해 심판한다.

보전처분의 피보전권리와 본안의 소송물인 권리는 엄격히 일치함을 요하지 않으며, 청구의 기초의 동일성이 인정되는 한 그 보전처분에 의한 보전의 효력은 본안소송의 권리에 미치고, 동일한 생활사실 또는 동일한 경제적 이익에 관한 분쟁에 있어서 그 해결방법에 차이가 있음에 불과한 청구취지 및 청구원인의 변경은 청구의 기초에 변경을 가져오는 것은 아니다(대법원 2006다35223 판결).

부당이득의 반환은 법률상 원인 없이 취득한 이익을 반환하여 원상으로 회복하는 것을 말하므로, 배당절차에서 작성된 배당표가 잘못되어 배당을 받아야 할 채권자가 배당을 받지 못하고, 배당을 받을 수 없는 사람이 배당받는 것으로 되어 있을 경우, 배당금이 실제 지급되었다면 배당금 상당의 금전지급을 구하는 부당이득반환청구를 할 수 있지만, 아직 배당금이 지급되지 아니한 때에는 배당금지급청구권의 양도에 의한 부당이득의 반환을 구하여야지 그 채권 가액에 해당하는 금전의 지급을 구할 수는 없고, 그 경우 집행의 보전은 가압류에 의할 것이 아니라 배당금지급금지가처분으로 하여야 한다(대법원 2009마1932).

가처분채권자가 본안소송에서 승소판결을 받은 그 집행채권이 정지조건부인 경우라 할지라도 그 조건이 집행채권자의 의사에 따라 즉시 이행할 수 있는 의무의 이행인 경우, 정당한 이유 없이 그 의무의 이행을 게을리 하여 집행에 착수하지 않고 있다면 보전의 필요성은 소멸되었다고 보아야 한다(대법원 2000다40773).

점유이전금지가처분에서 채권보전의 필요성은 현상이 바뀌면 나중에 강제집행을 할 수 없거나 강제집행이 매우 곤란할 염려가 있어야 함을 뜻한다. 그러나 대법원은 피보전권리가 소명되면 보전의 필요성도 소명된 것으로 보는 입장이다. 반면 법률상으로 다른 구제수단이 있거나 가처분신청이 권리남용에 해당하는 경우에는 보전의 필요성을 인정하지 않는다. 채권자가 스스로 현상변경에 기여한 경우에도 같이 보아야 할 것이다.

다툼의 대상에 관한 가처분은 현상이 바뀌면 당사자가 권리를 실행하지 못하거나 이를 실현하는 것이 매우 곤란할 염려가 있을 경우에 허용되는 것으로서, 이른바 만족적 가처분의 경우와는 달리 보전처분의 잠정성·신속성 등에 비추어 피보전권리에 대한 소명이 인정된다면 다른 특별한 사정이 없는 한 보전의 필요성도 인정되는 것으로 보아야 하고, 비록 동일한 피보전권리에 관하여 다른 채권자에 의하여 동종의 가처분이 이미 마쳐졌다거나 선행 가처분에 따른 본안소송에 공동피고로 관여할 수 있다거나 또는 나아가 장차 후행 가처분신청에 따른 본안소송이 중복소송30)에 해당될 여지가 있다는 등의 사정이 있다고 하더라도 그러한 사정만으로 곧바로 보전의 필요성이 없다고 섣불리 단정하여서는 아니 될 것이다(대법원 2005마814).

가처분이란 장래의 집행불능 또는 곤란을 예방하기 위한 것이므로, 그 피보전권리는 가처분신청 당시 확정적으로 발생되어 있어야 하는 것은 아니고, 이미 그 발생의 기초가 존재하고, 그 내용이나 주체 등을 특정할 수 있을 정도의 요건만 갖추어져 있으면 조건부·부담부 청구권이라 할지라도 그 피보전권리로 될 수 있다 할 것이다.

따라서 채무자들의 차용금채무를 담보하기 위하여 부동산에 관하여 채권자 명의의 가등기 및 본등기가 경료된 경우에 채무자들이 아직 그 차용금채무를 변제하지 아니한 상태라고 할지라도 채무변제를 조건으로 한 말소등기청구권을 보전하기 위하여 그 담보목적 부동산에 관하여 처분금지가처분을 신청할 수도 있다 할 것이며, 그 경우 채권자가 담보목적 부동산에 대하여 담보권의 행사가 아닌 처분행위를 하거나 피담보채무를 변제받고서도 담보목적 부동산을 처분하는 것을 방지하는 목적 범위 내에서는 보전의 필요성도 있다고 할 것이다(다만, 이러한 가처분을 허용한다 하여도 피담보채무가 변제되지 아니한 경우에는 채권자가 담보권의 행사로써 담보목적 부동산의 처분행위를 하는 것을 방지하는 효력이 없어 위 가처분으로서는 채권자의 처분행위의 효력을 다툴 수 없게 될 뿐이다.)-(대법원 2002다1567).

가처분채권자가 본안소송에서 승소판결을 받은 그 집행채권이 정지조건부 채권이라 할지라도 그 조건이 집행채권자의 의사에 따라 즉시 이행할 수 있는 의무의 이행인 경우, 정당한 이유 없이 그 의무의 이행을 게을리 하여 집행에 착수하지 않고 있다면 보전의 필요성은 소멸되었다고 보아야 한다(대법원 2000다40773 판결).

---

30) 중복소송(重複訴訟) : 중복소송은 이미 계속된 소가 있음에도 그 소와 동일한 내용의 소를 다시 제기하는 경우에 있어서 뒤의 소송을 말한다.

3) 처분금지가처분

처분금지가처분은 특정물에 대한 현재의 권리상태를 바꾸지 못하게 하는 가처분을 말한다. 가령 甲이 乙에게 부동산의 매매대금을 모두 지급하였음에도 불구하고 乙이 소유권이전등기절차 의무를 이행하지 아니하는 경우에는 甲은 매우 불안한 처지에 놓이게 된다. 특정물인 목적부동산을 乙이 丙에게 처분하는 경우에는 그 강제집행에 어려움이 예상되기 때문이다.

피보전권리에 관한 요건 및 보전의 필요성에 관한 요건은 처분금지가처분에도 동일하게 적용된다.

이 사건 가처분결정의 주문에 의하면 피신청인은 본건 부동산에 관하여 매매계약에 기한 소유권이전의 청구권 보전을 위한 가등기상의 권리를 행사하거나 양도 기타 일체의 처분을 하여서는 아니 된다고 명하고 있는바, 이 주문 후단인 양도 기타 일체의 처분을 금하는 부분은 가등기 권리 자체에 대한 처분의 금지라 할 것이니, 등기사항이라고 할 것은 위의 설명에서 뚜렷하나, 그 전단인 가등기상의 권리행사란 무엇을 뜻함인지 분명치 아니한데, 만약 이것을 원심판시와 같이 본등기를 금하는 취지라면 이는 처분의 제한이라고 볼 수 없다.

왜냐하면 가등기에 터 잡은 본등기를 하는 것은 그 가등기에 의하여 순위보전된 권리의 취득(권리의 증대 내지 부가)이지 가등기상의 권리 자체의 처분(권리의 감소 내지 소멸)이라고는 볼 수 없기 때문이며, 따라서 그러한 가처분은 위에서 본등기 할 사항이라고 할 수 없다(대법원 78마282).

「부동산등기법」 제95조 소정의 등기명의인인 근저당권자의 승낙서 또는 이에 대항할 수 있는 재판의 등본을 첨부할 수 없는 경우에는 근저당권의 목적이 된 등기부상 1필지의 토지 중 특정부분을 분할등기 하여 이에 대한 소유권이전등기를 할 수 없는 것이므로, 위 특정부분의 토지에 대한 소유권이전등기청구권 보전을 위하여 1필지 토지의 전부에 대한 가처분을 할 수밖에 없다(대법원 75다190 판결).

나. 임시의 지위를 정하기 위한 가처분

1) 피보전권리에 관한 요건

가처분은 다툼이 있는 권리관계에 대하여 임시의 지위를 정하기 위해서도 할 수 있다. 이 경우 가처분은 특히 계속하는 권리관계에 끼칠 현저한 손해를 피하거나 급박한 위험을 막기 위하여 또는 그 밖의 필요한 사유가 있을 경우에 하여야 한다(「민사소송법」 제300조제2항).

임시의 지위를 정하기 위한 가처분의 피보전권리는 '다툼 있는 권리'이다. 여기에서 말하는 다툼이라 함은 소송절차에서 말하는 권리보호의 이익과 유사한 것으로 보아야 할 것이다.

권리관계라고 함은 사법상(私法上)의 심판대상이 되는 것이기만 하면 재산권뿐만 아니라 인격권 및 신분권 등을 모두 포함하는 권리관계를 뜻한다. 가압류의 피보전권리 및 다툼의 대상인 가처분의 피보전권리도 여기에서의 피보전권리가 될 수 있다. 그리고 본안소송의 내용은 이행의 소, 형성의 소 및 확인의 소를 가리지 않는다. 다만, 형성의 소는 법률에 명문의 규정이 있는 경우에만 소를 제기할 수 있다.

임시의 지위를 정하기 위한 가처분은 가처분의 성질상 다툼이 있는 권리관계에 관하여 그 주장 자체에 의하여 정당한 이익이 있는 자가 채권자로 되고, 그 주장 자체에 의하여 채권자와 저촉되는 지위에 있는 자가 채무자로 된다.

가압류 및 다툼의 대상에 대한 가처분은 강제집행의 보전을 목적으로 한다는 점에 관하여는 앞에서 검토하였다. 그러나 임시의 지위를 정하기 위한 가처분은 그와는 달리 당사자 사이에 법률적 분쟁으로 인하여 현저한 손해 또는 위험이 발생하고 있거나 그러할 가능성이 있는 경우에 피해자를 보호하기 위하여 발하는 잠정적 조치인 사례가 대부분이다.

그리고 이 가처분의 또 다른 특징이라면 본안소송의 피고가 아닌 제3자를 채무자로 지정해야만 가처분의 실효를 거둘 수 있는 경우도 있다.

이 가처분과 관련하여 특히 문제가 되는 것은 「상법」상의 회사 소속 임원들의 지위에 관한 가처분이다. 즉 주식회사, 유한책임회사 등의 이사, 감사, 청산인 등의 직무집행정지 및 직무대행자선임의 가처분 등이 그것이다. 이 경우에 있어서 채무자적격을 갖는 자가 누구인가의 문제인데, 이와 관련한 대법원의 일관된 태도는 회사를 채무자로 보는 것이 아니라 자연인인 임원 개인을 채무자로 보고 있다.

임시의 지위를 정하기 위한 가처분 중에는 본안판결이 확정되기 전에 채권자에게 사실상 만족을 주는 경우가 있고, 채무자에게는 회복할 수 없는 손해를 주는 경우도 있기 때문에 보전의 필요성을 인정함에 있어 매우 신중을 기한다. 따라서 다른 가처분에 비하여 신청에 대한 기각률이 높은 편이다.

민사집행법 제300조제2항이 규정한 임시의 지위를 정하기 위한 가처분은 그 가처분의 성질상 그 주장 자체에 의하여 다툼이 있는 권리관계에 관한 정당한 이익이 있는 자는 그 가처분을 신청할 수 있고, 그 경우 그 주장 자체에 의하여 신청인과 저촉되는 지위에 있는 자를 피신청인으로 하여야 한다. 한편 「민사집행법」 상의 가처분으로써 행정청의 어떠한 행정행위를 구하는 것은 허용될 수 없다(대법원 2010마1576).

원심결정의 이유에 의하면, 원심은 기존 법률관계의 변경·형성의 효과를 발생함을 목적으로 하는 형성의 소는 법률에 특별한 규정이 있는 경우에 한하여 허용된다고 전제한 다음, 신청외 학교법인 개혁신학원의 이사장인 피신청인에 대하여 이사들의 불법 선임, 파행적인 학교 경영, 부당한 학사행정 관여, 정관의 불법 변조, 교단의 분열 촉진, 건축헌금의 용도 외 지출 등의 불법행위를 이유로 그 해임을 청구하는 소송은 형성의 소에 해당하는바, 이를 허용하는 법적 근거가 없으므로 이를 피보전권리로 하는 피신청인에 대한 직무집행정지 및 직무집행대행자선임의 가처분은 허용되지 아니하므로(대법원 1966. 12. 19.자 66마516 결정), 이 사건 신청은 피보전권리가 없는 경우에 해당하여 부적법하다고 판단하였는바, 원심의 이러한 판단은 정당하고, 거기에 소론과 같은 민법상 법인의 이사해임 청구의 소에 관한 법리오인의 위법이 있다고 할 수 없다(대법원 1997. 10. 27.선고. 97마2269).

법률관계의 변경·형성을 목적으로 하는 형성의 소는 법률에 명문의 규정이 있는 경우에 한하여 제기할 수 있는바, 이 사건 조합의 이사장 및 이사가 조합업무에 관하여 위법행위 및 정관위배행위 등을 하였다는 이유로 그 해임을 청구하는 소송은 형성의 소에 해당하는데, 이를 제기할 수 있는 법적 근거가 없으므로, 이 사건 이사장 및 이사 직무집행정지 가처분은 허용될 수 없다(대법원 1997. 10. 27.자 97마2269 결정 참조). 따라서 같은 결론에 이른 원심 판단은 옳고, 거기에 상고이유의 주장과 같은 법리오해나 이유불비 등의 잘못이 없다(대법원 2001. 1. 16.선고 2000다45020).

2) 보전의 필요성에 관한 요건

임시의 지위를 정하기 위한 가처분에서 보전의 필요성은 '현저한 손해' 또는 '급박한 위험'을 막을 필요성이다. 이 현저한 손해나 급박한 위험은 추상적이므로, 일도양단적으로 정의하기엔 어려움이 있다.

대법원의 태도를 살펴보면 임시의 지위를 정하는 가처분은 본집행을 실행한 것과 유사한 효과를 불러오는 경우가 많기 때문에 그 명령에 신중을 기하고 있는 것을 엿볼 수 있다.

민사집행법 제300조제2항에서 말하는 '현저한 손해'는 재산상 손해뿐 아니라 정신적 손해와 공익적 손해도 포함되며, '기타 필요한 이유'에 있어서는 '현저한 손해' 또는 '급박한 강폭'에 준하는 정도의 이유가 있어야 한다(대법원 67마424).

민사소송법 제714조제2항(현행은 '민사집행법 제300조제2항'에 해당함)에서 규정하는 임시의 지위를 정하기 위한 가처분은 다툼 있는 권리관계에 관하여 그것이 본안소송에 의하여 확정되기까지의 사이에 가처분권리자가 현재의 현저한 손해를 피하거나 급박한 강폭(强暴)을 방지하기 위하여, 또는 기타의 이유가 있는 때에 한하여 허용되는 응급적·잠정적 처분인바, 이러한 가처분을 필요로 하는지의 여부는 당해 가처분신청의 인용 여부에 따른 당사자 쌍방의 이해득실관계, 본안소송에 있어서의 장래의 승패의 예상, 기타의 제반 사정을 고려하여 법원의 재량에 따라 합목적적으로 결정하여야 할 것이므로, 가처분채권자가 신청 당시에 실체법상의 권리를 가지고 있다 하더라도 그 권리가 가까운 장래에 소멸하여 본안소송에서 패소판결을 받으리라는 점이 현재에 있어 충분히 예상되는 경우에는 임시적 지위를 정하는 가처분에 의한 응급적·잠정적 보호를 부여할 필요성이 없다고 풀이하는 것이 상당하다.

더구나 가처분채무자에 대하여 본안판결에서 명하는 것과 같은 내용의 특허권 침해의 금지라는 부작위의무[31]를 부담시키는 이른바 만족적 가처분일 경우에 있어서는 그에 대한 보전의 필요성 유무를 판단함에 있어서 위에서 본 바와 같은 제반 사정을 참작하여 보다 더욱 신중하게 결정하여야 할 것으로서, 만일 가처분신청 당시 채무자가 특허청에 별도로 제기한 심판절차에 의하여 그 특허권이 무효라고 하는 취지의 심결(審決)이 있는 경우나 무효심판이 청구되고, 그 청구의 이유나 증거 관계로부터 장래 그 특허가 무효로 될 개연성이 높다고 인정되는 등의 특별한 사정이 있는 경우 등에는 당사자 사이의 형평을 고려하여 그 가처분신청은 보전의 필요성을 결한 것으로 보는 것이 합리적이라 할 것이다(대법원 82다40563 판결).

동종영업(同種營業)의 금지를 구하는 가처분은 「민사집행법」 제300조제2항에 정한 임시의 지위를 정하기 위한 가처분의 일종으로서, 특히 이러한 가처분은 다툼 있는 권리관계가 본안소송이 확정되기까지 사이에 가처분권리자가 현재의 현저한 손해를 피하거나 급박한 위험을 막기 위하여 또는 기타 필요한 이유가 있을 경우에 한하여 응급적·잠정적 처분으로써 허용되는 것으로서, 본안판결 전에 채권자에게 만족을 주는 경우도 있어 채무자의 고통이 크다고 볼 수 있으므로, 그 필요성의 인정에는 신중을 기해야 할 것이다(대법원 2006마164,165).

회사 주식의 60%를 소유하고 있는 주주의 의사에 의하여 대표이사 등 임원이 선임된 경우 선임절차상의 잘못이 있다고 하더라도 그 직무집행을 정지시키고, 그 대행자를 선임할 필요성이 있다고 보기 어렵다(대법원 90마818).

이 사건과 같이 단체의 대표자선임결의의 하자를 원인으로 하는 가처분신청에 있어서는 장차 신청인이 본안에 승소하여 적법한 선임결의가 있을 경우 피신청인이 다시 대표자로 선임될 개연성이 있는지 여부도 가처분의 필요성 여부 판단에 참작하여야 할 것이다(대법원 97마1473).

임시의 지위를 정하기 위한 가처분도 다른 가처분과 마찬가지로 민사소송에 의하여 보호를 받을 수 있는 권리관계일 것을 요한다. 따라서 강제집행절차, 체납처분절차, 비송사건절차 등에서 다루어져야 할 내용들은 여기의 권리관계가 될 수 없다. 행정행위도 마찬가지이다.

확정판결 또는 이와 동일한 효력이 있는 채무명의(현행은 '집행권원'에 해당함)에 기한 강제집행의 정지는 오직 강제집행에 관한 법규중에 그에 관한 규정이 있는 경우에 한하여 가능한 것이고, 이와 같은 규정에 의함이 없이 일반적인 가처분의

---

31) 부작위의무(不作爲義務) : 일정한 행위를 하지 말아야 할 의무

방법으로 강제집행을 정지시킨다는 것은 허용할 수 없는 것이다(대법원 1986. 5. 3
0.선고 86그76).

　확정판결 또는 이와 동일한 효력이 있는 집행권원에 기한 강제집행의 정지는 오직
강제집행에 관한 법규 중에 그에 관한 규정이 있는 경우에 한하여 가능하고, 이와
같은 규정에 의함이 없이 일반적인 가처분의 방법으로 강제집행을 정지시킨다는 것
은 허용되지 아니하며, 민사집행법 제46조 제2항 소정의 강제집행에 관한 잠정처분
은 청구에 관한 이의의 소가 계속중임을 요하고, 이러한 집행정지요건이 결여되었
음에도 불구하고 제기된 집행정지신청은 부적법하다. 그리고 임의경매를 신청할 수
있는 권리의 존부를 다투어 민사집행법 제275조에 의한 같은 법 제44조의 준용에
의해 채무에 관한 이의의 소를 제기한 경우에도 같은 법 제46조 제2항에 의한 강제
집행정지명령을 받아 정지시킬 수 있을 뿐이고, 일반적인 가처분절차에 의하여 임
의경매절차를 정지시킬 수는 없다(대법원 2004. 8. 17.선고 2004카기93).

3) 종류(유형)에 따른 특징

　임시의 지위를 정하기 위한 가처분은 현재의 위험이 있으면 피보전권리의 종류를
가리지 않는다. 또 집행방법에 있어서도 직접강제[32]는 물론 대체집행[33]이나 간접강
제[34] 여부도 묻지 않는다.

　이 가처분의 또 한 가지 특징은 채권자가 본안에서 승소확정판결을 받음과 동시에
그 목적달성으로 인하여 가처분의 효력이 상실된다는 점이다. 가압류나 다툼 대상 가

---

32) 직접강제(直接強制) : 직접강제는 「민사집행법」상 채무불이행자에 대하여 국가기관인
　　법원이 채무자의 재산에 직접 실력을 행사하여 의무이행이 있었던 것과 같은 상태를
　　실현하는 강제집행 방법을 말한다.
33) 대체집행(代替執行) : 대체집행이란 채무자가 채무를 이행하지 않을 때 채권자가 법원
　　에 청구하여 그 재판에 따라서 채권자 또는 제3자로 하여금 채무자에 갈음하여 채권의
　　내용을 실현하게 하고, 그 비용을 채무자로부터 추심하는 강제집행 방법을 말한다.
34) 간접강제(間接強制) : 간접강제란 채무자에게 금전적 배상 등의 방법으로 심리적 압박
　　을 가함으로써 채무를 이행하게 하는 강제집행 방법을 말한다.

처분은 본안집행절차에 포섭되어 그 효력을 유지하는 것과 대비가 된다.

가장 빈번히 활용되는 임시의 지위를 정하는 가처분은 직무집행정지 및 직무대행자 선임의 가처분, 건축공사 중지 가처분, 업무방해 금지 가처분, 출입금지 가처분, 통행방해 금지 가처분, 출판물 판매 금지 가처분, 건물 인도단행 가처분, 공업소유권 침해 등을 원인으로 하는 상품 판매 금지 가처분 등이 있다. 그 밖에도 다종다양한 점이 특징이다.

3. 가처분의 절차

가. 가처분의 신청

가처분신청서에는 당사자의 표시, 피보전권리의 표시, 목적물의 표시 및 가격, 신청취지 및 원인, 법원의 표시 등을 적고, 소명자료를 덧붙여야 한다.

채권자의 채권자는 채권자를 대위하여 가처분을 신청할 수 있다. 가처분을 신청할 수 있는 기한은 본안판결이 확정되기 전까지이다.

소비자단체소송을 대비한 보전처분은 단체소송의 제기와 관련하여 법원의 허가를 받은 경우에만 신청할 수 있다(「소비자기본법」 제76조).

가처분의 재판은 본안의 관할법원 또는 다툼의 대상이 있는 곳을 관할하는 지방법원이 관할한다. 소액사건[35]에 해당하는 사건은 시·군법원이 관할한다. 급박한 경우에는 합의부에 속하는 사건이라도 재판장이 보전처분을 할 수 있다.

> 가처분결정이 집행된 경우 채무자가 그 집행에 의하여 생긴 효과를 배제하기 위하여 가처분결정에 대한 이의신청 등 「민사집행법」에 규정된 불복신청이나 취소

---

35) 소액사건(少額事件) : 소액사건이란 소송목적의 값(訴價 : 소가)이 3,000만원을 초과하지 아니하는 금전 기타 대체물이나 유가증권의 일정한 수량의 지급을 목적으로 하는 제1심의 민사사건을 말한다.
36) 당사자적격(當事者適格) : 당사자적격이라 함은 특정의 청구에 대하여 당사자로서 소

신청의 방법에 따라서 그 가처분결정이나 그 집행처분의 취소를 구하지 않고, 그 가처분결정과 내용이 서로 저촉되는 제2의 가처분결정을 받음으로써 사실상 선행 가처분결정을 폐지·변경하거나 그 집행을 배제하는 목적을 달성하는 것은 허용될 수 없다(대법원 92마401).

임시의 지위를 정하기 위한 가처분은 그 가처분의 성질상 그 주장 자체에 의하여 다툼이 있는 권리관계에 관한 정당한 이익이 있는 자는 그 가처분의 신청을 할 수 있으며, 그 경우 그 주장 자체에 의하여 신청인과 저촉되는 지위에 있는 자를 피신청인으로 하여야 할 것이다.

피신청인은 소외 김○○로 하여금 피신청인의 대표자인 총재로서의 직무를 집행하게 하여서는 아니 된다고 하면서 위 김○○에 대한 직무집행의 허용 내지 위임의 금지를 구하는 신청인들의 주장은 결국 무효인 합당결의에 기하여 피신청인의 대표로 선출된 위 김○○이 피신청인의 대표로서의 직무를 집행하지 못하도록 하여 달라는 신청을 한다는 것으로서, 그 법적 성격은 임시의 지위를 정하기 위한 가처분이라 할 것이고, 이러한 사건에 있어서 피신청인이 될 수 있는 자는 신청인들이 주장하는 법률상의 지위, 즉 신청외 김○○이 신설합당이 된 피신청인의 대표자가 아니라는 주장과 정면으로 저촉되는 지위에 있는 위 김○○에 한정된다고 할 것이고, 따라서 신청인들의 피신청인을 상대로 한 이 사건 직무집행정지가처분 신청 부분은 당사자적격[36]을 갖지 아니하는 자에 대한 것으로서 부적법하다(대법원 96다15916).

송을 수행(遂行)하고, 판결·결정을 받기 위하여 필요한 자격(소송수행권)을 말한다. 위 판례가 다루고 있는 가처분신청사건에서는 피신청인을 김○○로 지정하지 아니하고, 정당을 피신청인으로 지정하였기 때문에 당사자적격이 없다고 판단하였다.

[부동산 처분금지 가처분신청서]

부동산 처분금지 가처분신청

채권자　　　성명　김 ○ ○(　　　　－　　　　)
　　　　　　주소
　　　　　　전화번호
채무자　　　성명　이 ○ ○(　　　　－　　　)
　　　　　　주소
　　　　　　전화번호

피보전권리의 요지 : 2015. 1. 1.자 매매를 원인으로 한 소유권이전등기청구권

가처분의 목적물 : 별지 목록 기재와 같음

목적물의 가격 : 돈 100,000,000원

신　청　취　지

채무자는 별지 부동산목록 기재 토지 및 건물에 대하여 양도·증여, 전세권·저당권·
임차권의 설정 기타 일체의 처분행위를 하여서는 아니 된다.
라는 재판을 구합니다.

신　청　원　인

1. 별지 부동산목록 기재 부동산은 2015. 1. 1. 채권자와 채무자의 대리인인 신청외
   박○○ 사이에 매매계약이 체결되었고, 채권자는 위 박○○에게 매매대금 전액을

지급한 사실이 있습니다.

2. 그런데 채무자는 위 매매계약에 따른 중도금이 지급되기 전부터 위 매매계약이 체결된 사실을 잘 알고 있었음에도 불구하고 당시에는 아무런 이의를 제기하지 않다가 위 매매계약에 따른 잔대금이 모두 지급된 뒤에 채권자가 위 부동산의 소유권이전등기절차를 이행할 것을 촉구하자, 위 박○○이 무권대리인이라고 주장하면서 신청외 정○○과의 사이에 동일한 부동산에 대한 매매계약을 체결하려고 준비하고 있습니다.

3. 따라서 채권자는 채무자를 상대로 부동산소유권이전등기절차 이행청구의 소를 제기하고자 준비를 하고 있습니다. 그러나 채권자가 본안소송에서 승소판결을 받더라도 그 집행이 곤란할 염려가 있으므로, 그 승소판결의 집행을 보전하기 위하여 이 사건 처분금지가처분을 신청하기에 이르렀습니다.

4. 담보의 제공에 관하여는 지급보증위탁계약체결문서로 제출할 수 있도록 허가하여 주시기 바랍니다.

소 명 방 법

1. 소갑 제1호증의1 부동산매매계약서
1. 소갑 제1호증의2 위임장
1. 소갑 제2호증의1 영수증
1. 소갑 제2호증의2,3 각 무통장입금증
1. 소갑 제3호증의1,2 부동산등기사항전부증명서(토지 및 건물)
1. 소갑 제4호증 토지대장등본
1. 소갑 제5호증 공시지가확인원
1. 소갑 제6호증 건축물대장등본

첨 부 서 류

1. 위 소갑호증 각 1통.

1. 부동산목록 5통.

1. 송달료납부서 1통.

2016. ○. ○.

위 채권자(신청인) 김 ○ ○(인)

○○지방법원 귀중

(별지)

부 동 산 목 록

1. 충청북도 ○○군 ○○면 ○○길 ○○○-○

   대 250.55㎡

2. 위 지상 벽돌조 슬래브지붕 1층 단독주택

   지층 120.22㎡

   1층   150.55㎡

---

* 이 신청서에는 수입인지 10,000원을 붙이고, 수입증지는 부동산의 수 × 2,000원을 붙인다.

* 송달료는 당사자의 수 × 3회분 × 3,700원에 해당하는 금액을 예납한다.

* 등록세는 100,000,000원 × 0.002와 같이 계산한 결과 200,000원이며, 교육세는 200,000원 × 0.2로 계산하므로 40,000원이다. 따라서 합산한 금액인 240,000원을 시·군·구청에 납입하고, 그 영수증을 신청서와 함께 제출한다. 만약 등록세액이 3,000원

에 미달하는 때에는 3,000원을 납부한다.

* 목적물의 가격은 개별공시지가 또는 시가표준액에 의하여 계산하고, 그를 소명할 수 있는 자료로 토지대장등본, 공시지가확인원, 건축물대장등본 등을 덧붙인다. 부동산의 수가 많은 경우 등에는 이 가격의 계산표도 목록으로 정리할 필요가 있을 것이다.

* 신청원인 중 마지막에 적은 지급보증위탁계약체결문서는 이른바 '보험증권'이라고 하는 것을 뜻하며, 이 문서는 보증보험회사 등과 체결한 계약문서이다. 신청인이 이 문서로 담보의 제공에 갈음하게 해달라고 하더라도 법원은 이에 구속되는 것은 아니다. 그리고 실무에서는 가압류와는 달리 가처분(특히 만족적 가처분)에서는 원칙적으로 보증금 상당액을 현금으로 공탁하도록 하고 있다.

* 부동산목록은 부동산등기사항전부증명서 표제부에 기재된 것과 동일하게 표시하는 방법으로 작성한다.

* 시가표준액 : 「지방세법」의 규정에 의한 등록세 산정의 시가표준액은 다음과 같이 결정된다.

　① 토지 : 개별공시지가

　② 공동주택(아파트 · 연립주택 · 다세대주택) : 공동주택가격

　③ 단독주택 : 단독주택가격

　④ 공시되지 아니한 주택 : 시장 · 군수 · 구청장이 산정한 가액

　⑤ 선박 · 항공기 : 지방자치단체장이 결정한 가액

[부동산 점유이전금지 가처분신청서]

부동산 점유이전금지 가처분신청

채권자　　○ ○ ○(　　　　－　　　)

　　　　　주소

　　　　　전화번호

채무자　　　　○ ○ ○(　　　　 － 　　　)

　　　　　　　 주소

　　　　　　　 전화번호

가처분의 목적물 : 별지 부동산목록 기재와 같음

목적물의 가격 : 55,000,000원

<h2 style="text-align:center">신 청 취 지</h2>

1. 채무자의 별지 목록 기재 부동산에 대한 점유를 풀고, 채권자가 위임하는 본원 소속
   집행관에게 그 보관을 명한다.
2. 집행관은 현상을 변경하지 아니할 것을 조건으로 하여 채무자가 이를 사용하게
   하여야 한다.
3. 집행관은 그 보관의 취지를 공시하기 위하여 적당한 방법을 강구하여야 한다.
4. 채무자는 그 점유를 타인에게 이전하거나 점유명의를 변경하여서는 아니 된다.

라는 재판을 구합니다.

<h2 style="text-align:center">신 청 원 인</h2>

1. 별지 목록 기재 부동산은 채권자의 소유임에도 불구하고 채무자는 권원이 없으면서
   위 부동산 위에 조립식 건물을 축조하여 창고 등의 용도로 사용함으로써 위 부동산
   을 불법으로 점유하고 있습니다.
2. 따라서 채권자는 위 부동산의 소유자로서 방해배제청구권에 터 잡아 채무자를 상대
   로 건물철거 및 토지인도를 청구하는 소를 제기하기 위한 준비를 하고 있습니다.
   그러나 그 본안소송은 많은 시일이 필요하고, 그 동안에 채무자가 위 부동산 및
   건물에 대한 점유를 제3자에게 이전할 경우에는 채권자로서는 다시 제3자를 상대로

소를 제기하여야 할 위험이 있으므로, 채권자의 승소판결에 따른 집행을 보전하기

위하여 이 신청을 하기에 이르렀습니다.

3. 담보의 제공에 관하여는 지급보증위탁계약체결문서의 제출로써 갈음할 수 있도록

허가하여 주시기 바랍니다.

소 명 방 법

1. 소갑 제1호증 토지등기사항전부증명서
1. 소갑 제2호증 건축물관리대장등본

첨 부 서 류

1. 위 소명방법 각 1통
1. 별지 부동산목록 5통
1. 개별공시지가확인원 1통
1. 송달료납부서 1통

2017. ㅇ. ㅇ.

위 채권자 ㅇ ㅇ ㅇ(인)

○○지방법원 귀중

[영업금지 가처분신청서]

영 업 금 지 가 처 분 신 청

채권자 성명   ○○○(-   )

　　　　주소

　　　　전화번호

채무자 성명   주식회사 ○○○○(대표이사 ○○○)

　　　　주소

　　　　전화번호

피보전권리의 표시 : 별지 목록 기재와 같음

가처분 목적물의 표시 : 별지 목록 기재와 같음

신　　청　　취　　지

1. 피신청인은 경기 안산시 지역 안에서 별지 목록 기재의 영업행위를 하여서는 아니
　　된다.
2. 만약 피신청인이 위 지역 안에서 영업을 계속하는 경우에는 채권자에게 1일
　　700,000원의 손해를 배상하여야 한다.
라는 재판을 구합니다.

신　　청　　원　　인

1. 채무자는 가맹점사업인 "○○맛집"의 가맹본부이고, 채권자는 위 가맹사업에 관한 안산시 지역의 가맹점사업자입니다.

2. 채무자와 채권자는 2015. 1. 1. 위 ○○맛집에 관한 가맹사업거래와 관련하여 가맹사업거래계약을 체결함에 있어 안산시 지역에서는 채권자가 5년 동안 독점적 지위를 갖고 영업을 하기로 하였으며, 채무자는 위 기간 동안 위 지역 안에서는 채권자 외에 다른 사람을 가맹점사업자로 선정하거나 채무자가 직접 동종영업을 하지 않기로 약정한 사실이 있습니다(소갑 제1호증 표준계약서 제○○조 참조).

3. 그런데 채무자는 2015. 1. 1. 안산시 ○○구 ○○로 ○○○−○○에 있는 ○○빌딩 1층에 "○○맛집 안산 제2호점"이라는 간판을 걸고 채권자의 영업과 동종의 영업을 하면서 채권자의 고객들을 채무자의 영업장소로 유인하는 부당경쟁행위를 하고 있습니다.

4. 따라서 채권자는 채무자를 상대로 본안소송을 제기하기 위하여 준비를 하고 있는바, 채권자가 승소확정판결을 받더라도 회복할 수 없는 손해가 발생할 위험이 현존하므로, 본안소송이 확정될 때까지 채무자의 부정한 경업행위를 금지하여 주시기 바랍니다.

소 명 방 법

1. 소갑 제1호증 가맹거래계약서(표준계약서)
1. 소갑 제2호증 부정경업행위 금지최고서(내용증명우편)
1. 소갑 제3호증 일별 매출액 및 수익금 내역표

첨 부 서 류

1. 위 소갑호증 각 1통.
1. 송달료납부서 1통.

2016. ㅇ. ㅇ.

위 채권자(신청인) ㅇ ㅇ ㅇ(인)

수원지방법원 안산지원 귀중

* 인지대는 모든 가압류신청과 가처분신청이 공통적으로 10,000원이다. 다만, 이 사건과 같이 "임시의 지위를 정하는 가처분"의 경우에는 목적물 가격(소가)에 따라 계산한 인지대의 2분의1에 해당하는 인지를 첨부하여야 한다. 소송목적의 값을 산정할 수 없는 경우와 비재산권상의 소의 소가는 2천만 100원으로 하므로, 그 소송목적의 값은 95,000원(20,000,100원×0.0045+5,000원)이고, 이 금액의 2분의1인 47,500원에 해당하는 인지액을 납부한다.

* 송달료는 당사자의 수 × 3회분 × 3,700원에 해당하는 금액을 예납한다.

* 임시의 지위를 정하는 가처분과 관련하여 특이한 점은 소송당사자능력이 있는 회사 등 단체의 대표자 등 구성원에 대한 직무집행을 정지하는 가처분에 있어서의 상대방(채무자)은 그가 소속된 회사 등이 아니라 자연인이 된다는 점이다. 이 경우에도 본안소송의 피고는 법인 또는 법인 아닌(비법인) 사단 및 재단이 됨은 물론이다.

* 이 신청과 같이 만족적 가처분, 즉 가처분의 집행이 마치 확정판결 등 본안의 집행을 한 것과 마찬가지의 효과를 거두는 경우의 가처분에서는 비록 '소명(疏明)'이라는 용어를 쓰고 있긴 하지만, 본안소송의 입증(입증=확신을 주는 증명)에 가까운 소명을 하여야 한다.

[건축금지 가처분명령신청서]

건축금지 가처분명령신청

채권자   ㅇㅇㅇ(-   )

             주소

             전화번호

채무자   ㅇㅇㅇ(-   )

             주소

             전화번호

가처분 목적물 : 별지 목록 기재와 같음

목적물의 가격 : 75,000,000원

신 청 취 지

1. 채무자의 별지 목록 기재 건물 및 공작물에 대한 점유를 풀고, 이를 채권자가 위임하는 ㅇㅇ지방법원 소속 집행관이 보관한다.
2. 집행관은 위 제1항의 취지를 적당한 방법으로 공시하여야 한다.
3. 채무자는 별지 목록 기재 토지상에 건축공사를 속행하여서는 아니 된다.

라는 재판을 구합니다.

신 청 이 유

1. 채권자는 채권자 소유인 별지 목록 기재 토지를 2016. ㅇ. ㅇ. 채무자에게 임대한 사실이 있습니다.

2. 임대차의 조건은, 채무자가 건축자재를 야적하는 용도에 한정하고, 임대차의 기간은 2017. ○. ○.까지로 약정하였습니다.

3. 그런데, 채무자는 채권자의 동의나 승낙을 받지 아니한 채 위 토지상에 별지 목록 기재와 같은 건축물을 축조하고 있습니다.

4. 따라서 채권자는 채무자를 상대로 위 건축물의 철거 및 토지인도를 구하는 본안소송을 제기하기 위한 준비를 하고 있는바, 위 소송은 상당한 기일이 소요될 것으로 예상되므로, 우선 긴급한 처분으로써 채무자의 건축행위를 금지하는 잠정처분이 필요합니다.

소 명 방 법

1. 소갑 제1호증   토지등기사항전부증명서
1. 소갑 제2호증   부동산임대차계약서
1. 소갑 제3호증   공사금지요구서(내용증명우편)

첨 부 서 류

1. 위 소명자료 각 1통
1. 별지 부동산목록 5통
1. 송달료납부서

2017. ○. ○.

위 채권자 ○ ○ ○(인)

○○지방법원 귀중

나. 가처분신청에 대한 법원의 심리(審理)

가처분신청에 대한 심리절차는 대부분 서면에 의한 심리이다. 법원은 필요하다고 판단하면 당사자를 소환하여 심문할 수도 있다. 이는 법원의 재량이다.

그러나 임시의 지위를 정하기 위한 가처분의 재판은 변론기일 또는 채무자가 참석할 수 있는 심문기일을 열어야 한다. 다만, 그 기일을 열어 심리를 하면 가처분의 목적을 달성할 수 없는 사정이 있는 때에는 그러하지 아니하다(「민사집행법」 제304조).

다. 가처분신청에 대한 재판절차

청구채권이나 가처분의 이유를 소명하지 아니한 때에도 가처분으로 생길 수 있는 채무자의 손해에 대하여 법원이 정한 담보를 제공한 때에는 법원은 가처분을 명할 수 있다(법 제301조, 제280조제2항).

법의 위 규정에도 불구하고 대법원은 가압류나 가처분의 이유에 대한 소명이 없으면 가압류나 가처분을 명할 수 없다고 하는 입장을 견지하고 있는 것으로 보인다.

청구채권과 가처분의 이유를 소명한 때에도 법원은 담보를 제공하게 하고 가처분을 명할 수 있다. 담보를 제공한 때에는 그 담보의 제공과 담보제공의 방법을 가처분명령에 적어야 한다.

가처분신청에 대한 재판과 관련하여 법원은 실무관행상 목적물 가액을 기준으로 3분의 1 내지 20분의 1에 해당하는 현금을 담보로 공탁하도록 명하고 있다. 그리고 담보와 관련하여 가압류에 적용하는 지급보증위탁계약체결문서의 제출은 가처분에는 적용하지 않는다.

가처분명령이 집행되지 아니하고 집행기간이 도과한 경우에도 가처분명령의 존재만으로도 피신청인에게 정신상 손해를 주었을 수도 있고, 그 보증공탁이 담보하는 피신청인의 손해배상의 범위에는 그 가처분명령 자체를 다투는 데 필요한 소송비용도 든다 할 것이므로, 특별한 사유가 없는 한 그 담보사유는 소멸되었다고

할 수 없다(대법원 67마1009).

가처분집행에 착수하였으나 집행불능이 되고, 그 후 채권자가 가처분신청을 취하하였다고 하더라도 집행의 착수가 있었던 이상 채무자가 명예, 신용, 기타 무형적 손해를 입었을 수도 있어 위 사유만 가지고 담보사유가 소멸되었다고 할 수 없다(대법원 81마290).

라. 가처분신청에 대한 재판의 모습

가처분의 재판은 가압류와 마찬가지로 모두 결정의 형식으로 한다. 따라서 결정서는 작성하지만, 이유의 기재는 생략할 수 있다.

법원은 신청목적에 필요한 처분을 직권으로 정한다. 가처분으로 보관인을 정하거나 상대방에게 어떤 행위를 하거나 하지 말도록 또는 급여를 지급하도록 명할 수 있다.

가처분으로 부동산의 양도나 저당을 금지한 때에는 법원은 법 제293조(부동산가압류집행)의 규정을 준용하여 등기부에 그 금지한 사실을 기입하게 하여야 한다(법 제305조).

신청목적에 필요한 처분을 직권으로 정하게 한 취지는 가압류에 대한 특칙인데, 가처분은 그 종류나 모습이 천태만상이기 때문이다.

법 제305조는 "법원은 신청목적에 필요한 처분을 직권으로 명한다."고 하면서 "작위, 부작위 및 급여를 명할 수 있다."고 규정하였다. 이를 가처분신청서의 신청취지 및 가처분명령의 결정서 주문의 형식으로 표시하면 "채무자는 ·····을 하라.", "채무자는 ·····을 하여서는 아니 된다." 및 "채무자는 ·····을 지급하라."의 형식이 된다.

다음 예시들은 가처분결정서의 주문에 관한 내용들이다. 따라서 가처분신청서의 신청취지에도 이들을 그대로 응용하면 무방하다.

(각종 가처분 신청취지 기재례)

부동산 점유이전금지

1. 채무자는 별지 목록 기재 부동산에 대한 점유를 풀고 이를 채권자가 위임하는 ○○지
   방법원 소속 집행관에게 인도하여야 한다.
2. 채무자는 그 점유를 타인에게 이전하거나 점유명의를 변경하여서는 아니 된다.
3. 집행관은 현상을 변경하지 아니할 것을 조건으로 하여 채무자에게 이를 사용하게
   하여야 하며, 이 명령의 취지를 적당한 방법으로 공시하여야 한다.
라는 재판을 구합니다.

자동차 점유이전금지

1. 피신청인은 별지 목록에 적힌 자동차에 대한 점유를 풀고, 신청인이 위임하는 ○○지
   방법원 소속 집행관에게 이를 보관하게 하여야 한다.
2. 집행관은 신청인의 신청이 있으면 사용하지 아니할 것을 조건으로 신청인에게 보관을
   명할 수 있다.
3. 집행관은 그 보관의 취지를 공시하기 위하여 적당한 방법을 강구하여야 한다.
라는 재판을 구합니다.

채권 처분금지

1. 채무자는 채권자로부터 양수한 별지 목록에 적힌 채권을 추심하거나 양도 기타 일체의 처분행위를 하여서는 아니 된다.
2. 제3채무자는 위 채무를 채무자에게 지급하여서는 아니 된다.
라는 재판을 구합니다.

상표권 침해금지

1. 피신청인은 별지 목록에 적힌 등록상표의 상표가 부착 또는 표시된 상품을 제조·판매·반포·수입·수출·광고 및 전시를 하여서는 아니 된다.
2. 피신청인은 피신청인이 경영하는 공장·사무실·창고 및 기타의 장소에 보관하고 있는 피신청인 소유의 위 상표가 부착 또는 표시된 상품의 완제품·반제품·포장용기 및 광고물에 대한 피신청인의 점유를 풀고, 이를 신청인이 위임하는 ○○지방법원 소속 집행관이 보관하게 하여야 한다.
3. 집행관은 그 보관의 취지를 공시하기 위하여 적당한 조치를 하여야 한다.
라는 재판을 구합니다.

질권 처분금지

1. 피신청인은 별지 제1목록에 적힌 물건에 대한 점유를 풀고, ○○지방법원 소속 집행관에게 이를 보관하게 하여야 한다.

2. 피신청인은 위 물건에 설정된 별지 제2목록에 적힌 질권으로 담보된 채권을 실행하거나 질권의 양도 기타 일체의 처분행위를 하여서는 아니 된다.

라는 재판을 구합니다.

특허권 처분금지

피신청인은 별지 목록에 적힌 특허권에 관하여 양도, 질권 또는 전용실시권의 설정, 통상실시권의 허락, 기타 일체의 처분행위를 하여서는 아니 된다.

라는 재판을 구합니다.

주주총회 효력정지

1. 신청인의 피신청인에 대한 ○○○○지방법원 2016카○○○호 주주총회결의취소청구사건의 본안판결이 확정될 때까지는 피신청인의 주주총회의 결의 중 별지 목록에 적힌 결의의 효력을 정지한다.

2. 피신청인 회사의 대표이사 및 그 직무대행자는 위 목록의 결의를 집행하여서는 아니 된다.

라는 재판을 구합니다.

건축공사금지

피신청인은 별지 목록에 적힌 토지 중 별지 도면 표시 ○○○○ 부분에 건축 중인 건물에 관하여 지표면으로부터 ○m 이상으로 축조하는 공사를 하여서는 아니 된다. 라는 재판을 구합니다.

근저당권 처분금지

피신청인은 별지 제1목록에 적힌 부동산에 설정된 별지 제2목록 기재의 근저당권에 의한 담보권의 양도 기타 일체의 처분행위를 하여서는 아니 된다.

라는 재판을 구합니다.

(제1목록)

부 동 산 목 록

1. 서울 강남구 ○○로 ○○○-○○

　대 573.12㎡

2. 위 지상 벽돌조 슬래브지붕 단층주택

　172.03㎡

(제2목록)

근저당권의 표시

별지 제1목록 부동산에 대하여 설정된 근저당권

접수일자   2015. 8. 8.

접수번호   서울남부지방법원 등기 제○○○○호

채권최고액   돈 17,000,000원

채무자   ○○○(-   )

                  서울 강남구 ○○로 ○○-○

근저당권자   ○○○

                  서울 강남구 ○○길 ○○○-○○

업무방해금지

피신청인은 신청인에 대하여 서울 종로구 종로5가 ○○○-○○에서 신청인이 경영하는 '○○○레스토랑'의 영업행위를 방해하는 일체의 행위를 하여서는 아니 된다.
라는 재판을 구합니다.

주권 처분금지

1. 피신청인은 별지 목록에 적힌 주권에 대하여 매매, 양도 기타 일체의 처분행위를
   하여서는 아니 된다.
2. 제3채무자는 위 주권을 피신청인에게 이전하여서는 아니 된다.
라는 재판을 구합니다.

문서의 열람 및 등사신청

1. 피신청인은 피신청인 회사 등에 대한 별지 목록에 적힌 영업의 일부양도에 관한 가계
   약체결 문서의 점유를 풀고, 신청인이 위임하는 ○○지방법원 소속 집행관이 보관하
   게 하여야 한다.
2. 집행관은 신청인의 신청에 의하여 위 문서를 그 보관 장소에서 신청인에게 열람 및
   등사를 허가하여야 한다.
라는 재판을 구합니다.

피용자의 임시지위 결정

채권자가 채무자에 대하여 피용자로서의 지위에 있음을 임시로 정한다.
라는 재판을 구합니다.

선박 처분금지

피신청인은 별지 목록에 적힌 선박에 대하여 양도, 저당권·전세권 및 임차권의 설정 기타 일체의 처분을 하여서는 아니 된다.
라는 재판을 구합니다.

대표이사 직무집행정지

신청인의 신청외 ○○○○ 주식회사에 대한 귀원 2016카○○○호 주주총회결의무효확인청구사건의 본안판결이 확정될 때까지 피신청인 최○○는 서울 관악구 ○○길 ○○○-○○에 본점이 있는 위 회사의 대표이사 및 이사의 직무를 집행하여서는 아니 된다.
라는 재판을 구합니다.

건축공사 방해금지

피신청인은 별지 목록에 적힌 토지 중 별지 도면 표시 ○○○○ 부분에 건축 중인 건물에 관하여 지표면으로부터 ○m 이상으로 축조하는 공사를 하여서는 아니 된다.
라는 재판을 구합니다.

```
┌─────────────────────────────────────────────────────────────┐
│                                                             │
│                    건축공사 방해금지                         │
│                                                             │
│   피신청인은 신청인들이 별지 부동산목록 기재 토지상에 신축 중인 철근콘크리트조 근린  │
│   생활시설의 공사를 위하여 서울 강남구 ○○○○로 ○○-○ 도로에서 시공하는 공사를   │
│   방해하는 일체의 행위를 하여서는 아니 된다.                          │
│   라는 재판을 구합니다.                                         │
│                                                             │
└─────────────────────────────────────────────────────────────┘
```

4. 가처분재판에 대한 불복(不服)

가. 채권자의 즉시항고

채권자는 가처분신청을 기각하거나 각하하는 결정에 대하여 즉시항고를 할 수 있다 (「민사집행법」 제301조 및 제281조제2항). 이 즉시항고는 채권자에게만 허용된다.

가처분명령은 사법보좌관이 아닌 판사의 명령이므로, 이의신청서가 아닌 즉시항고 장을 제출하여야 한다. 그리고 10일 이내에 항고이유서를 제출하여야 한다.

즉시항고를 할 수 있는 이유는 절차상의 문제에 국한된다. 다만, 가처분명령에는 기판력(旣判力)이 인정되지 않기 때문에 굳이 기각과 각하를 구별할 실익은 없다.

나. 채무자의 이의신청
1) 일반적 가처분에 대한 이의신청

채무자는 가처분결정에 대하여 이의를 제기할 수 있다. 이의신청에는 가처분의 취 소나 변경을 신청하는 이유를 밝혀야 한다(법 제301조 및 제283조제1항·제2항).

보전처분에 대한 이의신청은 서면으로 하여야 하며, 신청의 취지와 이유 및 사실상 의 주장을 소명하기 위한 증거방법을 적어야 한다(규칙 제203조).

가처분결정에 대하여 이의신청을 하는 경우에는 두 가지 유형이 있다. 하나는 채권자의 가처분신청에 대하여 법원이 인용결정을 한 데 대하여 채무자가 이의신청을 하는 경우이다.

다른 하나는 채권자의 가처분신청에 대하여 법원이 기각이나 각하결정을 하고, 이에 대하여 채권자가 즉시항고를 하자 법원이 항고인용결정(가처분명령)을 함에 따라 채무자가 이의신청을 하는 경우이다. 법은 뒤의 경우에도 이의신청으로만 불복하도록 규정하였다.

이의신청을 받은 가처분명령 발령법원은 임의적 변론기일 또는 당사자 쌍방이 참여할 수 있는 심문기일을 정하고, 당사자 양쪽에 통지한다.

이의신청을 할 수 있는 자는 채무자와 일반승계인뿐이다. 특별승계인이나 채무자의 채권자가 이의절차에 참여하기 위해서는 보조참가[37]를 신청하면 가능하다. 그러나 독자적으로 채권자대위권[38]을 행사하는 것은 허용되지 않는다. 이의신청은 소송중의 절차이기 때문이다.

이의신청을 할 수 있는 기간에는 제한이 없다. 따라서 가처분명령이 집행된 뒤에도 이의의 이익이 있는 동안에는 이의신청을 할 수 있다.

이의의 사유로는 심리가 종결될 때까지 생긴 사유, 즉 피보전권리의 존부 또는 보전의 필요성에 관한 사유를 제출하면 된다.

법원은 당사자에게 담보를 제공하게 하거나 제공하지 아니하게 하고 이미 내린 가처분명령을 인가·변경 또는 취소할 수 있다.

---

37) 보조참가(補助參加) : 보조참가라 함은 타인 사이에 계속중인 소송에서 그 소송 결과에 대하여 법률상 이해관계를 가진 제3자가 한쪽 당사자의 승소를 돕기 위하여 소송에 참가하는 것을 말한다(「민사소송법」제71조).

38) 채권자대위권(債權者代位權) : 채권자대위권은 채권자가 자기의 채권을 보전하기 위하여 자기의 채무자에게 속하는 권리를 소송상 대신 행사할 수 있는 권리를 말한다(「민법」제404조·제405조).

채권자는 이의신청에 대한 심리절차에서 청구의 기초에 동일성이 인정되는 범위 안에서는 피보전권리를 변경할 수도 있다. 그러나 신청취지를 확장하는 것은 허용되지 않는다.

채무자도 가처분명령 중 일부에 대하여만 이의신청을 할 수 있는데, 이 경우에는 이를 명시(明示)하여야 한다.

법원이 심리를 종결함에는 상당한 유예기간을 두어야 하고, 이미 발령했던 결정을 취소할 때에는 효력발생 유예기간을 선언하여야 한다.

결정서에는 이유를 적는 것이 원칙이지만, 변론을 거치지 아니한 경우에는 이유의 요지만을 적을 수 있다.

이의절차 및 이의에 대한 재판의 불복절차는 「민사집행법」의 보전처분에 관한 특별한 규정과 「민사소송법」의 관련 규정을 적용 내지 준용한다. 집행법원의 재판이 아니기 때문에 「민사집행법」의 집행에 관한 이의절차와는 사뭇 다른 점이 있다.

이의신청에 따른 결정에 대하여는 즉시항고를 할 수 있다. 항고법원의 재판에 관하여는 재항고를 할 수 있다. 다만, 「상고심 절차에 관한 특례법」 제4조제2항의 규정에 의하여 헌법·법률·대법원판례를 위반한 사유가 아니면 심리불속행사유가 되어 허용되지 않는다.

즉시항고에는 집행정지의 효력이 없다. 가처분취소결정에 대한 채권자의 즉시항고가 정당한 이유가 있다고 인정되고, 사실에 관한 소명이 있으며, 그 가처분의 취소에 따라 회복할 수 없는 손해가 생길 위험이 있다는 사정에 대한 소명이 있는 때에 한하여 법원은 당사자의 신청에 따라 담보부 또는 무담보부로 가처분취소의 효력정지신청을 할 수 있다.

변론을 거치지 아니하고 행한 가압류나 가처분 등 보전처분의 신청을 인용한 결정에 대하여는 채무자나 피신청인은 보전처분을 발(發)한 법원에 이의신청을 할 수 있을 뿐이고, 그 결정이 항고법원에 의하여 행하여진 경우라고 하더라도 이에 대하여 재항고로는 다툴 수 없는 것이다(대법원 90마819).

2) 이행적 가처분에 대한 이의신청

「민사집행법」의 관련 규정

제309조(가처분의 집행정지) ① 소송물인 권리 또는 법률관계가 이행되는 것과 같은 내용의 가처분을 명한 재판에 대하여 이의신청이 있는 경우에, 이의신청으로 주장한 사유가 법률상 정당한 사유가 있다고 인정되고 주장 사실에 대한 소명이 있으며, 그 집행에 의하여 회복할 수 없는 손해가 생길 위험이 있다는 사정에 대한 소명이 있는 때에는 법원은 당사자의 신청에 따라 담보를 제공하게 하거나 담보를 제공하지 아니하게 하고 집행한 처분을 취소하도록 명할 수 있다.

② 제1항에 규정한 소명은 보증금을 공탁하거나 주장이 진실함을 선서하는 방법으로 대신할 수 없다.

③ 재판기록이 원심법원에 있는 때에는 원심법원이 제1항의 규정에 의한 재판을 한다.

④ 법원은 이의신청에 대한 결정에서 제1항의 규정에 의한 명령을 인가 · 변경 또는 취소하여야 한다.

⑤ 제1항 · 제3항 또는 제4항의 규정에 의한 재판에 대하여는 불복할 수 없다.

법 제309조는 가압류의 절차에는 없는 가처분만의 특칙이다. 이는 확정판결을 집행한 결과와 맞먹는, 이른바 '이행적 가처분' 내지 '만족적 가처분'이라고 부르는 가처분을 대상으로 한다.

이는 뒤에서 검토하는 '특별한 사정에 의한 취소'와는 다른 것이며, 특허권의 침해금지가처분이나 건축물의 철거단행가처분 등이 여기에 해당한다.

다. 가처분명령의 취소

가처분의 취소사유 중 제소명령에 불응한 때의 취소 및 사정변경에 의한 취소는 가압류에서 규정한 내용을 가처분에 관한 규정인 「민사집행법」 제301조가 준용하고 있으므로, 그 내용이 가압류의 그것과 같다. 다만, 특별사정에 의한 취소는 가압류절차에는 없는 제도이다. 이하 각각 검토한다.

1) 제소명령(提訴命令) 불응에 따른 취소

「민사집행법」의 관련 규정

제301조(가압류절차의 준용) 가처분절차에는 가압류절차에 관한 규정을 준용한다. 다만, 아래의 여러 조문과 같이 차이가 나는 경우에는 그러하지 아니하다.

제287조(본안의 제소명령) ① 가압류법원은 채무자의 신청에 따라 변론 없이 채권자에게 상당한 기간 이내에 본안의 소를 제기하여 이를 증명하는 서류를 제출하거나 이미 소를 제기하였으면 소송계속 사실을 증명하는 서류를 제출하도록 명하여야 한다.

② 제1항의 기간은 2주 이상으로 정하여야 한다.

③ 채권자가 제1항의 기간 이내에 제1항의 서류를 제출하지 아니한 때에는 법원은 채무자의 신청에 따라 결정으로 가압류를 취소하여야 한다.

---

④ 제1항의 서류를 제출한 뒤에 본안의 소가 취하되거나 각하된 경우에는 그 서류를 제출하지 아니한 것으로 본다.

⑤ 제3항의 신청에 대한 결정에 대하여는 즉시항고를 할 수 있다. 이 경우 「민사소송법」 제447조의 규정은 준용하지 아니한다.

법 제301조의 규정에 의하여 가압류절차에 관한 규정인 같은 법 제287조를 가처분 절차에 준용한다.

위 법 제287조제5항이 말하는 「민사소송법」 제447조는 "즉시항고는 집행을 정지시키는 효력을 가진다."고 규정하였다. 따라서 위 가처분취소결정에 대한 즉시항고에는 집행정지의 효력이 인정되지 않는다.

가압류·가처분결정에 대한 본안의 제소명령을 신청할 수 있는 권리나 제소기간의 도과에 의한 가압류·가처분의 취소를 신청할 수 있는 권리는 가압류·가처분신청에 대한 소송을 수행하기 위한 소송절차상의 개개의 권리가 아니라 제소기간의 도과에 의한 가압류·가처분의 취소신청권은 가압류·가처분신청에 기한 소송절차와는 별개의 독립된 소송절차를 개시하게 하는 권리이고, 본안제소명령의 신청권은 제소기간의 도과에 의한 가압류·가처분의 취소신청권을 행사하기 위한 전제요건으로 인정된 독립된 권리이므로, 본안제소명령의 신청권이나 제소기간의 도과에 의한 가압류·가처분의 취소신청권은 채권자대위권의 목적이 될 수 있는 권리라고 봄이 상당하다(대법원 93마1655).

2) 사정변경에 따른 취소

「민사집행법」의 관련 규정

제301조(가압류절차의 준용) 가처분절차에는 가압류절차에 관한 규정을 준용한다. 다만, 아래의 여러 조문과 같이 차이가 나는 경우에는 그러하지 아니하다.

제288조(사정변경 등에 따른 가압류의 취소) ① 채무자는 다음 각호의 어느 하나에 해당하는 사유가 있는 경우에는 가압류가 인가된 뒤에도 그 취소를 구할 수 있다. 제3호에 해당하는 경우에는 이해관계인도 신청할 수 있다.

  1. 가압류 이유가 소멸되거나 그 밖에 사정이 바뀐 때

  2. 법원이 정한 담보를 제공한 때

  3. 가압류가 집행된 뒤에 3년간 본안의 소를 제기하지 아니한 때

② 제1항의 규정에 의한 신청에 대한 재판은 가압류를 명한 법원이 한다. 다만, 본안이 이미 계속된 때에는 본안의 법원이 한다.

법 제301조의 규정에 따라 가압류절차에 관한 규정인 위 법 제288조를 가처분절차에 준용한다.

이 본안사건은 상고중에 있으나, 이것이 상고심에서 파기·변경될 가능성은 희박하다는 것도 원심이 적법하게 인정하고 있다.

이와 같이 <u>가압류 후에 그 본안소송에서 가압류채권자가 패소하고, 그것이 상급심에서 변경될 것 같지 아니한 경우에는 그 가압류결정은 사정변경을 이유로 취소될 수 있다고 할 것이다</u>(대법원 77다471 판결).

법인 등 단체의 대표자를 피신청인으로 하여 그 직무집행을 정지하고 직무대행자를 선임하는 가처분이 있은 경우, 그 후 사정변경이 있으면 그 가처분에 의하여 직무집행이 정지된 대표자는 그 가처분의 취소신청을 할 수 있는 것이고, 그 대표자의 임기가 만료되어 새로 대표자가 선임되었다고 하여도 그 가처분이 존재하는 한 그 직무집행이 정지된 대표자로서 그 취소신청을 할 수 있다고 보아야 한다(대법원 94다56708 판결).

보전처분의 본안소송에서 보전처분 신청인이 실체법상(實體法上)의 이유로 패소판결을 받은 경우에는「민사집행법」소정의 사정변경이 있다고 할 수 있고, 본안소송에서 소송법상(訴訟法上)의 이유로 각하판결을 받은 경우에는 일반적으로 사정변경이 있다고 할 수는 없다.

가압류의 피보전권리가 소멸되었거나 또는 존재하지 아니함이 본안소송에서 확정된 경우에는 사정변경에 따른 가압류 취소사유가 되는 것이며, 이 경우 그 가압류를 그 피보전권리와 다른 권리의 보전을 위하여 유용(流用)할 수 없는 것이다(대법원 2004다53715 판결).

가처분에 대한 본안소송을 종국판결 전에 취하하더라도 피보전권리의 존부에 영향을 주는 것이 아니며, 다시 같은 소송을 제기할 수 없는 것이 아니므로, 소취하로 인하여 보전의사의 포기가 있었다고 인정되지 아니하는 이상 소취하 사실 자체만으로 사정변경에 해당한다고 볼 수는 없다(대법원 92다9449 판결).

가압류 · 가처분채권자가 가압류 · 가처분의 집행 후 10년간(현행법은 '3년'으로 규정하였음) 소를 제기하지 아니한 때에는 가압류 · 가처분채무자 또는 이해관계인은 그 취소를 신청할 수 있고, 그 기간이 경과되면 취소의 요건은 완성되며, 그 후에 본안의 소가 제기되어도 가압류 · 가처분의 취소를 배제하는 효력이 생기지 않는다(대법원 99다37887).

피보전권리가 없음에도 불구하고 그 권리보전이라는 구실 아래 처분금지가처분 결정을 받아 이를 집행한 경우에는 그 가처분 후에 그 가처분에 반하여 한 행위라도 그 행위의 효력은 그 가처분에 의하여 무시될 수 없는 것이고, 피보전권리가 없다는 것은 가처분결정에 대한 이의사유로 할 수 있으나, 또한 피보전권리 없음이 분명히 되었다는 것은 사정변경으로 보아 제301조, 제288조의 사정변경으로 인한 가처분취소신청을 할 수 있다고 해석되며, 가처분목적물의 양수인 또한 사정변경으로 인한 가처분취소신청을 할 수 있다(대법원 2010마818).

가처분결정 후 그 본안소송에서 가처분채권자가 패소하고, 그 판결이 상급심에서 변경될 염려가 없다고 인정되는 경우 그 가처분결정은 사정변경으로 취소될 수 있다고 할 것인바, 본안소송에서의 가처분채권자의 패소판결이 상소심에서 변경될 가능성이 있는지 여부는 사정변경을 원인으로 한 가처분취소신청사건의 사실심 변론종결시를 기준으로 하여 그 때까지 제출된 당사자의 주장과 증거방법을 기초로 판단하여야 할 것이다(대법원 2007마1470).

채권자가 보전명령이 있은 뒤 그 보전의 의사를 포기하였다고 볼만한 사정이 있는 경우에는 보전명령 취소사유인 사정변경에 해당한다고 보아야 한다. 그런데 소의 의제적 취하(현행법의 '소취하간주'에 해당함)는 여러 가지 동기와 원인에서 이루어지고, 보전명령에 대한 본안소송이 쌍방불출석으로 취하된 것으로 간주되었다고 하더라도 통상의 소취하의경우와 마찬가지로 본안에 대한 종국판결이 있기 전이라면 피보전권리에 영향을 주는 것이 아니어서 다시 같은 소송을 제기할 수도 있는 것이므로, 그 취하의 원인, 동기, 그 후의 사정 등에 비추어 채권자가 보전의 의사를 포기하였다고 인정되지 아니하는 이상 보전명령에 대한 본안소송이 취하된 것으로 간주되었다는 사실 자체만으로 보전명령의 취소사유인 사정변경에 해당한다고 볼 수는 없다(대법원 97다47637).

사정변경에 의한 가처분취소소송에 있어서는 피보전권리나 보전의 필요성 유무에 관하여 판단할 필요가 없으며, 오로지 가처분취소의 사정변경의 유무만 판단하여야 한다(대법원 81다1041).

3) 특별사정에 따른 취소

「민사집행법」의 관련 규정

제307조(가처분의 취소) ① 특별한 사정이 있는 때에는 담보를 제공하게 하고 가처분을 취소할 수 있다.

② 제1항의 경우에는 제284조, 제285조 및 제286조제1항 내지 제4항·제6항·제7항의 규정을 준용한다.

제284조(가압류이의신청사건의 이송) 법원은 가압류이의신청사건에 관하여 현저한 손해 또는 지연을 피하기 위한 필요가 있는 때에는 직권으로 또는 당사자의 신청에 따라 결정으로 그 가압류사건의 관할권이 있는 다른 법원에 사건을 이송할 수 있다. 다만, 그 법원이 심급을 달리하는 경우에는 그러하지 아니하다.

제285조(가압류이의신청의 취하) ① 채무자는 가압류이의신청에 대한 재판이 있기 전까지 가압류이의신청을 취하할 수 있다.

② 제1항의 취하에는 채권자의 동의를 필요로 하지 아니한다.

③ 가압류이의신청의 취하는 서면으로 하여야 한다. 다만, 변론기일 또는 심문기일에서는 말로 할 수 있다.

④ 가압류이의신청서를 송달한 뒤에는 취하의 서면을 채권자에게 송달하여야 한다.

⑤ 제3항 단서의 경우에 채권자가 변론기일 또는 심문기일에 출석하지 아니한 때에는

그 기일의 조서등본을 송달하여야 한다.

제286조(이의신청에 대한 심리와 재판) ① 이의신청이 있는 때에는 법원은 변론기일 또는 당사자 쌍방이 참여할 수 있는 심문기일을 정하고 당사자에게 이를 통지하여야 한다.

② 법원은 심리를 종결하고자 하는 경우에는 상당한 유예기간을 두고 심리를 종결할 기일을 정하여 이를 당사자에게 고지하여야 한다. 다만, 변론기일 또는 당사자 쌍방이 참여할 수 있는 심문기일에는 즉시 심리를 종결할 수 있다.

③ 이의신청에 대한 재판은 결정으로 한다.

④ 제3항의 규정에 의한 결정에는 이유를 적어야 한다. 다만, 변론을 거치지 아니한 경우에는 이유의 요지만을 적을 수 있다.

⑤ 법원은 제3항의 규정에 의한 결정으로 가압류의 전부나 일부를 인가·변경 또는 취소할 수 있다. 이 경우 법원은 적당한 담보를 제공하도록 명할 수 있다.

⑥ 법원은 제3항의 규정에 의하여 가압류를 취소하는 결정을 하는 경우에는 채권자가 그 고지를 받은 날부터 2주를 넘지 아니하는 범위 안에서 상당하다고 인정하는 기간이 경과하여야 그 결정의 효력이 생긴다는 뜻을 선언할 수 있다.

⑦ 제3항의 규정에 의한 결정에 대하여는 즉시항고를 할 수 있다. 이 경우 「민사소송법」 제447조의 규정을 준용하지 아니한다.

가압류명령과 가처분명령 자체를 취소할 수 있는 공통적인 사유로는 본안 제소명령에 불응한 경우, 사정변경이 있는 경우 및 제소기간 3년이 도과한 경우가 있다.

가압류에 특유한 취소사유로는 해방공탁에 의한 취소가 있다. 이에 대응하여 가처분에 특유한 취소사유로는 여기에서 검토하고 있는 특별사정에 의한 취소이다.

가압류에서는 해방공탁금을 제공하면 특별한 사정의 유무를 가리지 않고 가압류집행을 취소한다. 그러나 가처분에서는 담보의 제공에 더하여 특별사정을 그 요건에 추가하였다. 가처분은 금전만으로 해결할 수 없는 분쟁들이 있음을 고려한 것이다. 여기에서 말하는 취소는 '가처분명령' 자체의 취소를 의미한다.

특별사정에 의한 취소절차에서의 심리 및 재판의 절차도 앞에서 검토한바 있는 일반적 가처분의 취소와 관련한 심리·재판의 절차와 다르지 않다.

가처분을 명한 재판에 기초하여 채권자가 물건을 인도받거나, 금전을 지급받거나, 물건을 사용·보관하고 있는 경우에는 법원은 가처분을 취소하는 재판에서 채무자의 신청에 따라 채권자에 대하여 그 물건이나 금전을 반환하도록 명할 수 있다(법 제308조). 이 규정은 가압류절차에는 적용하지 아니하는 가처분절차만의 특칙이다.

채무자는 이의신청, 제소명령 불이행, 사정변경, 제소기관 도과, 특별사정과 관련하여 가처분의 취소신청을 할 때 이 원상회복명령을 함께 신청할 수 있다. 그러나 손해배상을 동시에 신청할 수는 없다. 이 원상회복명령은 가처분취소재판에 부수한 재판에 불과한 것이므로, 채권자는 이에 대하여 불복할 수 없다는 것이 실무 관행이다.

민사집행법 제307조에서 특별한 사정이 있을 때 담보의 제공을 조건으로 가처분의 취소를 구할 수 있게 한 것은 가처분을 존속시키는 것이 공평의 관념상 부당하다고 생각되는 경우, 즉 가처분에 의하여 보전되는 권리가 금전적 보상으로써 그 종국적 목적을 달할 수 있다는 사정이 있거나 가처분집행으로 가처분채무자가 특히 현저한 손해를 받고 있는 경우에 가처분채무자로 하여금 담보를 제공하게 하여 가처분의 집행뿐 아니라 가처분명령 자체를 취소하여 가처분채무자로 하여금 목적물을 처분할 수도 있도록 하는 데 있고, 따라서 가처분채무자가 제공하는 담보는 가처분채권자가 본안소송에서 승소하였음에도 가처분의 취소로 말미암아 가처분의 목적물이 존재하지 않게 됨으로써 입는 손해를 담보하기 위한 것이므로, 가처분채권자는 가처분취소로 인하여 입은 손해배상청구소송의 승소판결을 얻은 후에 「민사집행법」 제19조제3항, 「민사소송법」 제123조에 의하여 그 담보에 대하여 질권자와 동일한 권리를 가지고 우선변제를 받을 수 있다(대법원 2010마459).

특별사정으로 인한 가처분취소신청사건에 있어서는 피보전권리의 존부 및 보전의 필요 유무, 즉 가처분의 당부는 심판의 대상이 되지 아니하며, 오직 가처분 취소사유인 특별사정의 유무를 판단하여야 할 것이며, 다만, 가처분의 당부는 특별사정의 채부에 관한 하나의 자료에 지나지 않는다(대법원 86다카1547).

가처분취소사유로써 「민사소송법」 제720조(현행은 「민사집행법」 제307조에 해당함)가 규정하는 '특별사정'은 "피보전권리가 금전적 보상에 의하여 그 종국의 목적을 달성할 수 있는 사정" 또는 "채무자가 가처분에 의하여 통상 입는 손해보다 훨씬 큰 손해를 입게 될 사정" 중 어느 하나가 존재하는 것을 말하는 것이고, 그 중 후자의 사유가 있는지 여부는 가처분의 종류, 내용 등 제반 사정을 종합적으로 고려하여 채무자가 입을 손해가 가처분 당시 예상된 것보다 훨씬 클 염려가 있어 가처분을 유지하는 것이 채무자에게 가혹하고, 공평의 이념에 반하는지 여부에 의하여 결정된다(대법원 91다31210).

라. 원상회복의 재판

가처분을 명한 재판에 기초하여 채권자가 물건을 인도받거나 금전을 지급받거나 또는 물건을 사용·보관하고 있는 경우에는 법원은 가처분을 취소하는 재판에서 채무자의 신청에 따라 채권자에 대하여 그 물건이나 금전을 반환하도록 명할 수 있다(법 제308조).

[제소명령 불이행에 따른 가처분취소신청서]

가 처 분 취 소 신 청

신청인(채무자)　　　　ㅇ ㅇ ㅇ

　　　　　　　　　　주소

피신청인(채권자)　　　ㅇ ㅇ ㅇ

　　　　　　　　　　주소

신 청 취 지

1. 위 당사자 사이의 서울남부지방법원 2015카단(또는 카합) 제ㅇㅇㅇ호 부동산가압류
   신청사건에 관하여 서울남부지방법원이 2015. 9. 22. 명한 별지 목록에 적힌 부동
   산에 대한 가처분결정은 이를 취소한다.
2. 집행비용은 피신청인의 부담으로 한다.
3. 제1항은 가집행할 수 있다.
   라는 재판을 구합니다.

신 청 이 유

1. 피신청인(채권자)과 신청인(채무자) 사이의 귀원 2015카단 제ㅇㅇㅇ호 부동산처분
   금지가처분신청사건에 관하여 피신청인은 신청인 소유의 별지목록에 적힌 부동산
   에 대하여 처분금지가처분집행을 하였습니다.
2. 그 후 피신청인은 본안소송을 제기하지 아니하므로 신청인은 2015. 10. 15. 귀원에
   제소명령신청을 하였고, 귀원에서는 피신청인에 대하여 제소명령의 송달일로부터

2주일 안에 본안소송을 제기할 것을 명하였음에도 불구하고, 피신청인은 정해진 기간 안에 소를 제기하지 아니하였습니다.

3. 따라서 위 가처분결정의 취소를 구하기 위하여 이 신청에 이르렀습니다.

소명방법 및 첨부서류

1. 제소명령 정본 1통.
1. 송달료납부서 1통.

2016. 2. 2.

위 신청인(채무자) ㅇ ㅇ ㅇ(인)

서울남부지방법원 귀중

* 신청서에는 10,000원짜리 인지를 붙인다.
* 송달료는 당사자의 수 × 8회분 × 3,700원에 해당하는 금액을 예납한다.
* 이 서식은 가압류에도 그 명칭만 바꾸면 똑같이 사용할 수 있다. 인지대와 송달료도 같다.

가 처 분 취 소 신 청

신청인(채무자)   ○ ○ ○
                                 주소
                                 전화번호

피신청인(채권자)   ○ ○ ○ ○ 주식회사(대표이사 ○ ○ ○)
                                 주사무소
                                 전화번호

신 청 취 지

위 당사자 사이의 서울중앙지방법원 2015카합○○○호 공사금지가처분사건에 관하여 같은 법원이 2015. 9. 9. 명한 별지 도면에 표시된 부분의 굴착공사에 대한 공사금지가처분결정은 이를 취소한다.
라는 재판을 구합니다.

신 청 이 유

1. 위 당사자 사이의 서울중앙지방법원 2015카합○○○호 공사금지가처분사건에 관하여 귀원에서는 2015. 9. 9. 별지 도면에 표시된 건물신축공사현장의 도면 중 (가)부분의 굴착공사를 금지하는 가처분명령을 하였습니다.

2. 위 사건과 관련하여 신청인과 피신청인은 2015. 10. 20. 공증인가 ○○ 합동법률사무소에서 신청인이 피신청인에 대하여 손해배상금 등으로 돈 25,000,000원을 지급하며, 피신청인은 신청인이 시공하는 위 공사에 관하여 굴착공사 등 일체의 건설

행위를 수인함은 물론 위 가처분사건도 취하하기로 합의하고, 공정증서를 작성한 사실이 있습니다.

3. 그런데 피신청인은 그 후 태도를 돌변하여 신청인이 제공하는 위 합의금의 수령을 거부하므로, 신청인은 2015. 10. 25. 위 돈을 피신청인 앞으로 변제공탁을 하였습니다.

4. 따라서 피신청인의 신청인에 대한 공사금지가처분은 더 이상 효력이 없다고 할 것이므로, 민사집행법이 규정한 사정변경에 의한 가처분의 취소결정을 구하고자 이 신청을 하게 되었습니다.

소명자료 및 첨부서류

1. 가처분결정 정본 1통.
1. 공정증서 정본 1통.
1. 공탁서 1통.
1. 송달료납부서 1통.

2015. 10. 25.

위 신청인(채무자) ○ ○ ○(인)

서울중앙지방법원 귀중

가처분의 집행절차

1. 집행기간의 기산점(起算點)

가처분명령은 고지(告知)에 의하여 즉시 집행력이 생긴다. 따라서 확정이라는 절차가 없으며, 강제집행을 함에도 원칙적으로 집행문이 필요하지 않다. 다만, 가처분명령후에 채권자의 승계가 있을 때에는 승계집행문이 필요하다.

가처분명령은 송달 전에도 집행할 수 있다. 가처분도 가압류와 마찬가지로 명령을 고지한 때로부터 2주 안에 집행하는 것이 원칙이다. 다음 표는 위 2주라는 기간의 기산점에 관한 대법원의 확립된 입장이다.

의무의 내용		집행기간의 기산점
대체적 작위의무[39]		가처분결정의 고지일
부대체적 작위의무		채무자의 불성실한 태도로 인하여 간접강제[40]가 필요하다고 인정되는 때
부작위의무	고지 전에는 위반행위가 없는 경우	채무자가 위반행위를 한 때
	고지 전부터 위반행위가 있는 경우	채권자에게 고지된 날
부대체적 작위의무와 동시에 간접강제의 명령이 있는 결정		(기산일의 계산은 의미 없음)

---

39) 대체적 작위의무(代替的 作爲義務) : 채무자가 어떤 의무를 이행하여야 하는 채무를 작위의무라고 하며, 만약 채무자가 그 의무를 이행하지 아니하는 경우에 있어서 채무자 아닌 자가 대신 이행할 수도 있는 채무를 대체적 작위의무라고 한다. 이에 반하여 채무자 아닌 자가 대신 이행할 수 없는 채무는 부대체적 작위의무라고 한다.
40) 간접강제(間接强制) : 간접강제라고 함은 법원이 채무를 이행하지 않는 채무자에 대하여 일정 기간 이내에 그 의무를 이행하지 아니할 경우 그 지연 기간에 대하여 손해배상을 명함으로써 채무자를 심리적으로 압박하여 채무를 이행하게 하는 강제집행의 방법을 말한다.

부대체적 작위의무를 명하는 결정과 함께 그 의무위반에 대한 간접강제결정이 동시에 이루어진 경우에는 간접강제결정 자체가 독립된 집행권원이 되고, 간접강제결정에 기초하여 배상금을 현실적으로 집행하는 절차는 간접강제절차와 독립된 별개의 금전채권에 기초한 집행절차이므로, 그 간접강제결정에 기한 강제집행을 반드시 가처분결정이 송달된 날로부터 2주 이내에 할 필요는 없다 할 것이고, 다만, 그 집행을 위해서는 당해 간접강제결정의 정본에 집행문을 받아야 한다(대법원 2008마1608).

부작위를 명하는 가처분은 그 가처분재판이 채무자에게 결정 또는 송달됨으로써 그 효력이 발생하고, 채무자가 그 명령 위반을 한 때에 비로소 대체집행 또는 간접강제의 방법에 의하여 부작위 상태를 실현시킬 필요가 생기는 것이므로, 위 가처분에는 집행기간에 관한 「민사소송법」 제708조제2항(현행은 「민사집행법」 제292조제2항에 해당함)이 준용되지 않으나, 위 가처분에서 공시할 것을 아울러 명한 경우에는 이 명령 부분은 즉시 집행이 가능하므로, 이 부분의 집행에 관해서는 위 집행기간이 준용되며, 그 가처분집행이 변론을 거쳐 선고된 경우에는 선고 뒤에 재판서가 송달되었다 하여도 위 집행기간은 선고일로부터 기산하여야 한다(대법원 82마카50).

2. 가처분명령의 집행 방법

가처분의 집행은 가압류의 집행과 같이 강제집행, 즉 본집행에 관한 규정을 준용한다(법 제301조 및 제291조).

대체적 작위의무의 집행은 대체집행의 방법으로, 부대체적 작위의무의 집행은 간접강제의 방법으로 각각 집행한다. 부작위를 명한 가처분은 채무자에게 결정을 송달함으로써 집행이 완성된 것으로 보아야 할 뿐 특별한 집행 방법은 없다. 즉 채무자가 위반행위를 하면 비로소 가처분명령이 집행권원이 되어 채무자의 일반재산에 대한 본집행을 하게 된다.

건물의 점유이전은 집행관에게 위임하여 집행한다. 집행관의 점유는 현실점유가 어려우므로, 채무자에게 사용하도록 하면서 채무자가 제3자에게 점유를 이전하는 것만을 금지한다. 그 구체적인 방법은, 채권자와 채무자가 참여한 자리에서 집행관이 보관하는 건물이라는 사실을 적은 고시문을 건물에 부착하는 것으로써 집행이 종료된다. 만약 채무자가 이 고시문을 손괴하거나 그 효용을 해하는 행위를 하면 공무상비밀표시무효죄를 구성하게 된다.

부동산에 대한 처분금지가처분의 집행은 가압류의 집행과 마찬가지로 법원사무관등의 촉탁에 의하여 등기관이 부동산등기부에 등기를 기입함으로써 집행한다(법 제305조 제3항). 자동차 · 건설기계 · 선박 · 항공기에 대한 집행도 같은 방법이다.

법원사무관등은 법원이 법인의 대표자 그 밖의 임원으로 등기된 사람에 대하여 직무의 집행을 정지하거나 그 직무를 대행할 사람을 선임하는 가처분을 하거나 그 가처분을 취소 · 변경한 때에는 법인의 주사무소 및 분사무소 또는 본점 및 지점이 있는 곳의 등기소에 그 등기를 촉탁하여야 한다. 다만, 이 사항이 등기하여야 할 사항이 아닌 경우에는 그러하지 아니하다(법 제306조). 따라서 채권자는 이러한 가처분을 신청할 때에는 등기촉탁에 필요한 서류를 첨부하여야 한다.

건축주에 대하여 명의변경을 금지하는 가처분이 있다고 하더라도 그와 같은 가처분은 결정을 송달하는 외에 현행법상 이를 등기부에 공시하는 방법이 없어 대물적 효력이 인정되지 아니하므로, 제3자가 채무자로부터 실제로 권리를 양수하여 소유권보존등기를 하였다면 가처분을 내세워 그 권리취득의 효력을 부인할 수 없다(대법원 97다1907 판결).

---

3. 가처분명령을 집행한 효과

「민법」 제168조제2호는 압류, 가압류 및 가처분을 소멸시효의 중단사유로 규정하였다. 이는 가압류나 가처분에 의하여 채권자가 권리를 행사하였다고 볼 수 있기 때문이다. 따라서 가압류나 가처분에 의한 집행보전의 효력이 존속하는 동안에는 가압류채권자나 가처분채권자의 권리행사가 계속되고 있다고 보아야 하므로, 가압류나 가처분에 의한 시효중단의 효력은 집행보전의 효력이 존속하는 동안에는 계속된다.

4. 가처분과 다른 절차와의 경합

가. 가처분과 가처분의 경합

가처분과 가처분의 경합은 상호 모순·저촉되지 아니하는 범위 내에서만 허용된다. 가처분은 그 내용이 다종다양하기 때문에 당사자, 피보전권리, 보전의 필요성, 신청취지 등을 비교하여 상호 모순과 저촉 여부를 판단하여야 한다.

나. 가처분과 강제집행의 경합

처분금지가처분이 집행되어 있는 부동산에 대하여도 그 채권자가 본안에서 승소확정판결을 받기 전까지는 다른 채권자가 강제집행을 할 수 있다. 이 경우에는 가처분과 강제집행 사이의 우열이 문제될 뿐이다. 대법원의 입장을 인용한다.

피고가 위 가처분의 본안소송인 위 소유권이전등기청구의 소에서 승소의 확정판결을 받은 이상, 피고가 위 가처분권자의 지위에서 그 피보전권리인 소유권이전등기청구권에 기하여 등기를 하는 경우에는 위 가처분기입등기 이후에 개시된 이 사건 강제경매절차에서 위 토지를 낙찰받은 원고 명의의 위 소유권이전등기는 피고에 대한 관계에서는 무효인 것으로서 말소될 처지에 있다고 할 것이며, 이는 피고가 위 강제경매절차가 진행되는 것을 알고 아무런 이의를 하지 아니하였다 하더라도 달리 볼 것이 아니다(대법원 1997. 12. 9. 선고 97다25521 판결 참조).

그렇다면 달리 특별한 사정이 없는 한 이 사건 토지에 관한 원고 명의의 위 소유권이전등기가 아직 말소되지 않고 있다고 하더라도 원고로서는 위 토지를 원심 판시 피고 소유 건물의 부지 등으로 점용하고 있는 피고에 대하여 그 건물의 철거 및 위 토지 중 피고가 위 건물의 부지 등으로 점용하고 있는 부분의 인도를 구할 수 없다고 봄이 상당하다(대법원 1998. 10. 27. 선고 97다26104,26111).

부동산 강제경매개시결정은 부동산 압류의 효력이 있으므로 부동산 강제경매개시결정 등기 후에 그 부동산에 대한 처분금지가처분등기를 한 자는 강제경매 신청인에게 대항할 수 없고, 따라서 그 경매절차에 의한 경락인의 소유권이전등기가 위 처분금지가처분등기 후에 있었다 할지라도 가처분권리자는 경락인에게 대항할 수 없다 할 것이다(대법원 1964. 12. 15. 선고 63다1071).

다. 가처분과 체납처분의 경합

「국세징수법」 제35조는 "체납처분은 재판상의 가압류 또는 가처분으로 인하여 그 집행에 영향을 받지 아니한다."고 규정하고, 「국세기본법」 제35조제1항본문은 "국세, 가산금 또는 체납처분비는 다른 공과금 기타 채권에 우선하여 징수한다."고 규정하였다. 국세우선주의의 원칙이다.

위 규정들은 금전채권의 보전을 위한 가압류와 체납처분의 경합에서는 그대로 적용된다. 그러나 신분상의 청구권 또는 물건의 인도청구권 등에 터 잡은 가처분의 경우에는 사정이 다르다. 가처분과 체납처분의 관계를 잘 설명하고 있는 대법원의 판례를 인용한다.

국세징수법 제35조에서 "체납처분은 재판상의 가압류 또는 가처분으로 인하여 그 집행에 영향을 받지 아니한다"고 규정하고 있으나, 이는 선행의 가압류 또는 가처분이 있다고 하더라도 체납처분의 진행에 영향을 미치지 않는다는 취지의 절차진행에 관한 규정일 뿐이고 체납처분의 효력이 가압류, 가처분의 효력에 우선한다는 취지의 규정은 아니므로 부동산에 관하여 처분금지가처분의 등기가 된 후에 가처분권자가 본안소송에서 승소판결을 받아 확정이 되면 피보전권리의 범위 내에서 가처분 위반행위의 효력을 부정할 수 있고, 이와 같은 가처분의 우선적 효력은 그 위반행위가 체납처분에 기한 것이라 하여 달리 볼 수 없다(대법원 1993. 2. 19. 선고 92마903 전원합의체 판결).

부동산 관련 처분금지가처분집행의 효력

부동산에 대하여 처분금지가처분의 등기가 마쳐지면 채무자 및 제3자에 대하여 구속력을 갖는다. 여기에서 말하는 구속력이라고 함은 그 등기가 기입된 후에 채무자가 가처분의 내용을 위반하여 제3자에게 목적부동산을 양도하거나 담보권을 설정하는 등 처분행위를 한 경우에 채권자가 그 처분행위의 효력을 부정할 수 있는 것을 말한다.

가처분채권자가 가처분에 위반한 행위의 효력을 부정할 수 있는 시기는 본안소송에서 승소확정판결을 받거나 이와 같이 볼 수 있는 상태에 이른 때이다. 따라서 단순히 가처분채권자인 지위만으로는 가처분채무자로부터 목적부동산에 대한 소유권이전등기를 마친 제3자에 대하여 말소등기를 청구할 수 없다(대법원 95다53768 판결 참조). 따라서 가처분채권자의 권리가 본안에서 확정될 때까지는 가처분 이후의 처분행위에 따른 등기가 허용되고, 가처분채무자에게 목적부동산의 인도를 청구할 수도 있다. 또 제3취득자의 채권자도 제3취득자를 채무자로 하여 목적부동산에 대한 강제집행이나 보전처분을 집행할 수도 있다.

가등기가처분은 통상의 민사소송법(현행은 '민사집행법'에 해당함)상의 가처분과는 성질을 달리하는 것이므로, 가등기가처분은 시효중단의 하나인 가처분에 해당한다고 할 수 없다(대법원 93다16758).

취득시효 완성을 원인으로 한 소유권이전등기의무를 부담하는 자는 취득시효기간 완성 당시의 소유자이며, 그 후 그 소유자로부터 부동산을 매수하여 소유권이전등기를 마친 자는 달리 특별한 사정이 없는 한 위의 의무를 승계한다고 볼 수 없고, 이것은 취득시효기간이 완성된 점유자가 그 완성 당시의 소유자를 상대로 취득시효 완성을 원인으로 한 소유권이전등기청구권을 보전하기 위하여 처분금지가처분결정을 받아 그 등기를 마쳐 둔 경우에도 마찬가지이며, 부동산처분금지가처분 등기가 유효하게 기입된 이후에도 가처분채권자

의 지위만으로는 가처분 이후에 등기된 처분등기의 말소청구권은 없고, 나중에 가처분채권자가 본안 승소판결에 의한 등기의 기재를 청구할 수 있게 되면서 가처분등기 후에 경료된 가처분 내용에 위반된 등기의 말소를 청구할 수 있을 뿐이다 (대법원 95다53768 판결).

부동산의 전득자(채권자)가 양수인 겸 전매인(채무자)에 대한 소유권이전등기청구권을 보전하기 위하여 양수인을 대위하여 양도인(제3채무자)을 상대로 처분금지가처분결정을 받아 그 등기를 마친 경우, 그 가처분은 전득자(轉得者) 자신의 양수인에 대한 소유권이전등기청구권을 보전하기 위하여 양도인이 양수인 이외의 자에게 그 소유권이전 등 처분행위를 못하게 하는 데에 그 목적이 있는 것으로써, 그 피보전권리는 양수인의 양도인에 대한 소유권이전등기청구권이고, 전득자의 양수인에 대한 소유권이전등기청구권까지 포함되는 것은 아닐 뿐만 아니라, 그 가처분결정에서 제3자에 대한 처분을 금지하였다고 하여도 그 제3자 중에는 양수인은 포함되지 아니하며, 따라서 그 가처분 이후에 양수인이 양도인으로부터 소유권이전등기를 넘겨받았고, 이에 터 잡아 다른 등기가 경료되었다고 하여도 그 각 등기는 위 가처분의 효력에 위배되는 것은 아니다(대법원 93다42665 판결).

보전처분의 남용에 따른 불법행위책임

1. 보전처분의 남용이란?

보전처분은 상대적으로 저렴한 인지대만을 납부하면 그 집행이 가능하다. 그러나 보전처분이 집행되면 채무자에게는 심리적으로 또는 경제적으로 상당한 고통을 줄 수 있다. 따라서 채권자는 이를 남용하고자 하는 유혹에 빠지기 쉽다.

여기에서 말하는 남용의 유형을 살펴본다. ① 의무 없는 자로부터 변제를 받을 목적으로 압력을 행사하는 수단으로 보전처분을 집행하는 경우, ② 동업자 상호간의 정산 등에 있어서 유리한 지위를 차지하기 위하여 보전처분을 집행하는 경우, ③ 보전처분을 신청함에 있어 청구금액을 과다하게 부풀려 채무자를 심리적·경제적으로 압박하는 경우, ④ 채무자가 직장인인 경우에 보전처분이 집행되면 직장 내에서 인사상 또는 사실상 불이익을 받을 수도 있다는 점을 악용하는 경우, ⑤ 채무자가 영업자인 경우 영업을 어렵게 할 목적으로 유체동산이나 기업운영자금계좌를 가압류하는 경우 등이 그 대표적인 남용의 유형이다.

2. 보전처분신청행위와 불법행위의 성립

보전처분의 신청행위가 「민법」 제750조[41]의 불법행위를 구성하는 경우, 즉 고의 또는 과실에 의하여 채무자에게 손해를 가한 때에는 채무자는 손해배상을 청구할 수 있다. 이하 고의 또는 과실과 관련한 대법원의 입장을 살펴보기 위하여 관련 대법원판례들을 인용한다.

가압류나 가처분 등 보전처분은 법원의 재판에 의하여 집행되는 것이기는 하나, 그 실체상 청구권이 있는지 여부는 본안소송에 맡기고 단지 소명에 의하여 채권자의 책임 아래 하는 것이므로, 그 집행 후에 집행채권자가 본안소송에서 패소 확정되었다면 그 보전처분의 집행으로 인하여 채무자가 입은 손해에 대하여는 특별한 반증이 없는 한 집행채권자에게 고의 또는 과실이 있다고 추정되고, 따라서 그 부당한 집행으로 인한 손해에 대하여 이를 배상할 책임이 있다고 할 것이나, 토지에 대한 부당한 가압류의 집행으로 그 지상에 건물을 신축하는 내용의 공사도급계약이 해제됨으로 인한 손해는 특별손해이므로, 가압류채권자가 토지에 대한 가압류집행이 그 지상 건물 공사도급계약의 해제사유가 된다는 특별한 사정을 알았거나 알 수 있었을 때에 한하여 배상의 책임이 있다(2008. 6. 26.선고 2006다84874).

가압류신청에서 채권액보다 지나치게 과다한 가액을 주장하여 그 가액대로 가압류결정이 된 경우 본안판결에서 피보전권리가 없는 것으로 확인된 부분의 범위 내에서는 가압류채권자의 고의·과실이 추정되고, 다만 특별한 사정이 있으면 고의·과실이 부정된다(대법원 1999. 9. 3.선고 98다3757).

---

41) 민법 제750조 : 고의 또는 과실로 인한 위법행위로 타인에게 손해를 가한 자는 그 손해를 배상할 책임이 있다.

가압류신청을 한 후 채권자가 본안의 소를 제기하고 이에 대하여 채무자가 반소를 제기한 끝에 법원의 조정에 갈음하는 결정을 쌍방 당사자가 받아들여 확정된 경우, 비록 그 결정의 내용이 채권자가 채무자로부터 지급받을 금액은 없는 것으로 하고, 오히려 채권자로 하여금 채무자에게 채무자가 반소로써 구하는 금원의 일부를 지급할 것을 명하는 것이라 하더라도, 이로써 집행채권자가 그 집행 후의 본안소송에서 패소 확정된 경우와 같이 볼 것은 아닌바, 그 이유는 법원이 조정절차에서 당사자 사이에 합의가 성립되지 아니하는 경우에 조정에 갈음하는 결정을 하는 것은 당사자의 이익 기타 제반 사정을 참작하여 사건의 공평한 해결을 도모하고자 하는 것으로서, 반드시 청구채권의 존재 유무만을 판단한 것이라고 볼 수 없기 때문이다(대법원 2001. 9. 25.선고 2001다39947).

원고의 피용자들인 위 박운희와 유영진이 위 기계들을 운송하는 과정에서 위 인정과 같은 잘못을 범하여 피고 소유의 위 기계들을 전소케 하는 사고를 야기하였다면 일반거래통념에 비추어 볼 때 피고가 위 소외인들의 사용자인 원고에게 위 화재사고로 입은 손해를 배상할 청구권이 있다고 믿고 이를 피보전권리로 삼아 이 사건 가압류집행에 이른데 대하여 어떤 잘못이 있다고 보기는 어려울 뿐만 아니라, 나아가 그 본안소송에서도 대법원이 그 손해배상청구권을 부인하게 된 사유가 사실관계의 차이에서 기인하는 것이 아니라 실화책임에관한법률 소정의 '중대한 과실'의 유무에 관한 법적 해석 내지 평가상의 차이에서 기인된 것이고 또한 이 사건 본안소송의 항소심에서 피고의 일부승소판결이 선고된 바도 있다는 점까지 보태어 보면 그 후 이 판결이 대법원에서 파기되어 결과적으로 피고의 청구가 인용되지 아니하였다는 점만을 들어 이로써 곧 이 사건 가압류로 인한 손해배상책임이 있다고 할 수는 없다 할 것이고, 또 피고가 전소된 위 경기9타○○○○호 트럭을 이 사건 가압류의 목적물에 포함시켰다 하더라도 이 사건 가압류신청 당시는 이 사건 사고 직후라 그의 손해액을 구체적으로 확정할 수 있는 상황이 아니었던 데다가 피고로서는 위 가압류의 목적물의 가액을 확인할 수도 없었던 사정 등에 비추어 보면 피고가 원고에게 손해를 끼칠 목적으로 부당하게 과도한 가압류집행을 하였다고 볼 수는 없다(대법원 1993. 3. 23.선고 92다49454).

부동산에 대한 가압류의 집행이 이루어졌다고 하더라도 채무자가 여전히 목적물의 이용 및 관리의 권한을 보유하고 있을 뿐더러(민사집행법 제83조 제2항), 가압류의 처분금지적 효력은 상대적인 것에 불과하기 때문에 부동산이 가압류되었더라도 채무자는 그 부동산을 매매하거나 기타의 처분행위를 할 수 있고, 다만 가압류채권자에 대한 관계에서만 처분행위의 유효를 주장할 수 없을 뿐이며, 다른 한편 가압류는 언제든지 해방공탁에 의하여 그 집행취소를 구할 수 있는 것이므로, 부동산에 대한 가압류의 집행이 부당하게 유지되었다고 하더라도 다른 특별한 사정이 없는 한 그 가압류는 부동산을 처분함에 있어서 법률상의 장애가 될 수는 없다고 할 것이고, 다만 가압류가 집행된 부동산을 매수하려는 자로서는 그 부동산의 소유권을 완전하게 취득하지 못하게 될 위험을 고려하여 당해 부동산의 매수를 꺼리게 됨으로써 결과적으로 가압류가 집행된 부동산의 처분이 곤란하게 될 사실상의 개연성은 있을 수 있다고 할 것인데, 만일 어떤 부동산에 관한 가압류집행이 있었고, 그 가압류집행이 계속된 기간 동안 당해 부동산을 처분하지 못하였으며, 나아가 주위 부동산들의 거래상황 등에 비추어 그와 같이 부동산을 처분하지 못한 것이 당해 가압류의 집행으로 인하였을 것이라는 점이 입증된다면, 달리 당해 부동산의 처분 지연이 가압류의 집행 이외의 사정 등 가압류채권자 측에 귀책사유 없는 다른 사정으로 인한 것임을 가압류채권자 측에서 주장·입증하지 못하는 한, 그 가압류와 당해 부동산의 처분 지연 사이에는 상당인과관계가 있다(대법원 2002. 9. 6.선고 2000다71715).

3. 채무자의 손해 범위

앞에서는 보전처분을 신청한 채권자의 행위가 고의·과실에 의한 손해배상책임을 구성하는 경우에 관하여 검토하였다.

여기에서는 보전처분을 신청한 채권자에게 손해배상책임을 인정할 경우에도 그 배상의 범위를 어디까지로 보아야 할 것인가에 관하여 고찰한다. 이를 고찰함에 있어 대법원의 입장을 살피되, 금전채권에 대한 보전처분, 부동산의 처분지연으로 인한 손해 및 물건을 사용하지 못함에 따른 손해를 구분하여 검토한다.

가압류나 가처분 등 보전처분은 법원의 재판에 의하여 집행되는 것이기는 하나 그 실체상의 청구권이 있는지 여부는 본안소송에 맡기고 단지 소명에 의하여 채권자의 책임 아래 하는 것이므로, 그 집행 후에 집행채권자가 본안소송에서 패소 확정되었다면 그 보전처분의 집행으로 인하여 채무자가 입은 손해에 대하여 특별한 반증이 없는 한 집행채권자에게 고의 또는 과실이 있다고 추정되고, 따라서 그 부당한 집행으로 인한 손해에 대하여 이를 배상하여야 할 책임이 있으며(당원 1995. 4. 14. 선고 94다6529 판결 등 참조), 가압류채무자가 가압류청구금액을 공탁하고 그 집행취소결정을 받았다면, 가압류채무자는 적어도 위 가압류집행으로 인하여 위 공탁금에 대한 민사 법정이율인 연 5푼 상당의 이자와 공탁금의 이율 상당의 이자의 차액 상당의 손해를 입었다고 보아야 할 것이다(대법원 1995. 12. 12. 선고 95다34095,34101).

민사상의 금전채권에 있어서 부당한 보전처분으로 인하여 그 채권금을 제때에 지급받지 못함으로써 발생하는 통상의 손해액은 그 채권금에 대한 민법 소정의 연 5푼의 비율에 의한 지연이자 상당액이라 할 것이고, 이 채권이 공탁되었다면 그 공탁금에 딸린 이자와의 차액 상당액이 손해액이 된다고 할 것이며(대법원 1991. 3.

8. 선고 90다17606 판결 참조), 이러한 이치는 가집행을 면하기 위하여 강제집행 정지신청을 하면서 담보로 금전을 공탁하였는데 가집행이 실효된 경우에도 마찬가 지라고 할 것이므로, 가령 원고가 실제로 원심이 인용한 바와 같은 손해를 입었다 고 하더라도 이는 특별손해로서 보전처분 채권자 또는 가집행 채권자인 피고가 이 를 알았거나 알 수 있었을 경우에 한하여 그에 대한 배상책임이 있다고 할 것이다 (대법원 1999. 9. 3.선고 98다3757).

 부당한 처분금지가처분의 집행으로 그 가처분 목적물의 처분이 지연되어 소유자 가 손해를 입었다면 가처분신청인은 그 손해를 배상할 책임이 있다고 할 것이다.
　그런데 가처분집행 당시 부동산의 소유자가 그 부동산을 사용·수익하는 경우 에는 그 부동산의 처분이 지체되었다고 하더라도 그 부동산의 환가가 지연됨으로 인한 손해는 그 부동산을 계속 사용·수익함으로 인한 이익과 상쇄되어 결과적으 로 부동산의 처분이 지체됨에 따른 손해가 없다고 할 수 있을 것이고, 만일 그 부 동산의 환가가 지연됨으로 인한 손해가 그 부동산을 계속 사용·수익하는 이익을 초과한다면 이는 특별손해라고 할 수도 있을 것이다(대법원 2001. 1. 19. 선고 20 00다58132 판결 참조).
　그러나 이 사건의 경우 원고들은 분양할 목적으로 토지를 매입하여 연립주택 19세대분을 신축하였으므로, 이 사건 처분금지가처분으로 인하여 그 중 8세대인 이 사건 부동산의 처분이 지연되었다면 특별한 사정이 없는 한 그 기간 동안 이 사건 부동산을 사용·수익함으로써 처분지연의 손해를 상쇄할 만한 경제적 이익을 얻을 수 있었다고 보기는 어려우므로, 이 사건 가처분집행과 원고들의 이 사건 부 동산 처분 지연과 사이에 상당인과관계가 인정되는 이상 원고들이 그 가처분집행 으로 처분이 지연된 기간 동안 입은 손해 중 적어도 이 사건 부동산의 처분대금에 대한 법정이율에 따른 이자 상당의 금액은 통상손해에 속한다고 보아야 할 것이다 (대법원 2001. 11. 13.선고 2001다26774).

피고의 이 사건 기계들에 대한 해체 및 반출금지가처분으로 말미암아 원고들이 그 주강공장의 기본설비인 전기주강로를 포함한 이 사건 기계들을 그 설치된 장소에서나 또는 타에 이전하여 사용할 수 없게 됨으로써 결국 전공장을 가동할 수 없게 되었다 하여 이 사건 부당가처분으로 인한 손해액은 특별한 사정이 없는 한 그 공장을 가동함으로써 얻을 수 있는 이익에 상응하는 그 인정의 차임상당액을 기준으로 하여 산출하여야 할 것이라고 보아 이를 기준으로 하여 그 손해액을 산정한 취지로 풀이함이 타당하고 이는 이 사건 부당가처분과 상당인과관계에 있는 통상의 손해라고 할 수 있다(대법원 1983. 2. 8.선고 80다300).

Ⅲ. 부록

(부동산목록 및 각종 보전처분의 신청취지 작성례)

Ⅲ. 부록

(부동산목록 및 각종 보전처분의 신청취지 작성례)

부동산목록 작성례

[단독주택]

부동산 목록

1. 서울특별시 ○○구 ○○로 111-22

   대 333.33㎡

2. 위 같은 곳

   시멘트벽돌조 슬래브지붕 2층 단독주택

   1층 111.22㎡

   2층 111.22㎡

[구분건물]

부동산 목록

1동 건물의 표시

서울특별시 ○○구 ○○길 111-22 ○○아파트 가동

전유부분 건물의 표시

건물의 번호 : 1-101

구조 : 철근콘크리트조

면적 : 1층 101호 88.99㎡

대지권의 종류 : 소유권

대지권의 비율 : 5,000분의 111.11

[토지]

부동산 목록

1. 경기도 ○○시 ○○로 111-22

대 222.33㎡

2. 인천광역시 ○○구 ○○길 222-33

잡종지 333.44㎡

3. 충청북도 ○○군 ○○면 ○○로 333-44

전 555.66㎡. 끝.

가압류 관련 각종 신청취지 작성례

[가압류결정에 대한 이의신청서]

1. 위 당사자 사이의 ○○지방법원 ○○지원 2017카단○○호 부동산처분금지가처분신청사건에 관하여 당원에서 2017. 1. 1. 결정한 위 가처분결정은 이를 취소한다.
2. 채권자의 위 가처분신청은 이를 기각한다.
3. 소송비용은 채권자의 부담으로 한다.
4. 위 제1항은 가집행할 수 있다.

라는 재판을 구합니다.

[가압류신청 취하서]

위 당사자 사이의 ○○지방법원 2017카단○○○호 부동산가압류신청사건에 관하여 당사자 사이에 화해가 성립하였으므로, 채권자는 별지 목록 기재 부동산에 대한 가압류신청을 취하합니다.

[가압류집행 해제신청서]

위 당사자 사이의 귀원 2017카단○○○○호 채권가압류신청사건에 관하여 채권자는 채무자가 제3채무자에 대하여 갖고 있는 별지 목록 기재 채권에 대하여 가압류를 집행하였는바, 당사자 사이에 원만한 화해가 성립하였으므로, 위 가압류집행을 해제하여 주시기 바랍니다.

[가압류취소신청서]

1. 위 당사자 사이의 ○○지방법원 2017카합○○○호 부동산가압류신청사건에 관하여 ○○지방법원이 2017. 1. 1. 결정한 별지 목록 기재 부동산에 대한 가압류결정은 이를 취소한다.
2. 소송비용은 피신청인의 부담으로 한다.
3. 제1항은 가집행할 수 있다.
라는 결정을 구합니다.

1. 위 당사자 사이의 ○○지방법원 2017카합○○○호 부동산처분금지가처분신청사건에 관하여 ○○지방법원이 2017. 1. 1. 결정한 별지 목록 기재 부동산에 대한 가처분결정은 이를 취소한다.
2. 소송비용은 피신청인의 부담으로 한다.

3. 제1항은 가집행할 수 있다.

라는 결정을 구합니다.

[보조참가신청서]

위 당사자 사이의 귀원 2017카단○○○○호 부동산가압류집행취소신청사건에 관하여 보조참가신청인은 신청인을 보조하기 위하여 참가하고자 하오니 허가하여 주시기 바랍니다.

[채권가압류집행 취소신청서]

위 사건에 관하여 ○○지방법원이 2017. 1. 1. 명령한 채권가압류결정에 터 잡아 집행한 별지 목록 기재 채권에 대한 가압류집행은 이를 취소한다.

라는 재판을 구합니다.

가처분 관련 각종 신청취지 작성례

[가처분신청 취하서]

위 당사자 사이의 ○○지방법원 2017카단○○○호 부동산처분금지가처분신청사건에 관하여 당사자 사이에 원만한 화해가 성립하였으므로, 채권자(신청인)은 별지 목록 기재 부동산에 대한 가처분명령신청을 취하합니다.

[가처분집행 해제신청서]

위 당사자 사이의 귀원 2017카단○○○호 채권지급금지가처분신청사건에 관하여 채권자는 채무자가 제3채무자에 대하여 갖고 있는 별지 목록 기재 채권에 대하여 가처분을 집행하였는바, 당사자 사이에 원만한 화해가 이루어졌으므로, 위 가처분집행을 해제하여 주시기 바랍니다.

[가처분 취소신청서]

1. 위 당사자 사이의 ○○지방법원 2017카단○○○호 부동산처분금지가처분신청사건에 관하여 ○○지방법원이 2017. 1. 1. 결정한 별지 목록 기재 부동산에 대한 가처분 결정은 이를 취소한다.

2. 소송비용은 피신청인의 부담으로 한다.

3. 위 제1항은 가집행할 수 있다.

라는 결정을 구합니다.

[대표이사 직무집행정지 등 가처분신청서]

1. 신청인 및 신청외 ○○○ 주식회사 사이의 ○○지방법원 2017카○○○호 주주총회 결의무효확인의 본안판결이 확정될 때까지 피신청인은 ○○시 ○○구 ○○로 ○○ -○에 본점을 둔 위 회사의 대표이사 및 이사의 직무를 집행하여서는 아니된다.

2. 위 직무집행의 정지기간 중 법원이 정하는 적당한 사람으로 하여금 대표이사 및 이사의 직무집행을 대행하게 한다.

라는 재판을 구합니다.

[문서열람·등사 가처분신청서]

1. 피신청인은 피신청인 등이 보관하고 있는 별지 목록 기재 회사양도·양수가계약 관련 일체의 문서에 대한 점유를 풀고, 신청인이 위임하는 ○○지방법원 소속 집행 관이 이를 보관하게 하여야 한다.

2. 집행관은 신청인의 신청이 있으면 위 문서를 그 보관 장소에서 신청인에게 열람 및 등사를 허가하여야 한다.

라는 재판을 구합니다.

[부동산 가등기가처분신청서]

피신청인은 신청인을 위하여 별지 제1목록 기재 부동산 위에 별지 제2목록 기재 가등기에 관한 매매예약에 터 잡은 소유권이전등기청구권보전의 가등기절차를 이행하라. 라는 결정을 구합니다.

[부동산 점유이전금지 가처분명령신청서]

1. 피신청인들은 별지 목록 기재 부동산에 관한 각 점유를 풀고 신청인이 위임하는 ○○지방법원 소속 집행관이 보관하게 하여야 한다.
2. 피신청인들은 그 점유를 타인에게 이전하거나 점유명의를 변경하여서는 아니된다.
3. 집행관은 그 현상을 변경하지 아니할 것을 조건으로 피신청인들이 이를 사용하게 할 수 있다.
4. 집행관은 위 취지를 공시하기 위하여 적당한 방법을 갖추어야 한다.

라는 재판을 구합니다.

[부동산 처분금지 가처분명령신청서]

피신청인은 별지 목록 기재 부동산의 각 지분에 대하여 매매·증여·양도, 저당권·전세권 및 임차권의 설정 기타 일체의 처분행위를 하여서는 아니된다.
라는 재판을 구합니다.

[선박 점유이전금지 가처분명령신청서]

1. 피신청인은 별지 목록 기재 선박에 대한 점유를 풀고 이를 신청인이 위임하는 ○○지 방법원 소속 집행관이 보관하게 하여야 한다.
2. 피신청인은 그 점유를 타인에게 이전하거나 점유명의를 변경하여서는 아니되며, 이를 운항하여서도 아니된다.
3. 집행관은 피신청인으로 하여금 위 선박을 ○○항의 지역 안에서 집행관이 명하는 장소에 정박하게 하고, 현상을 변경하지 아니할 것을 조건으로 피신청인이 사용하게 할 수 있다.
4. 집행관은 위 취지를 공시하기 위하여 적당한 조치를 취하여야 한다.

라는 재판을 구합니다.

[선박 처분금지 가처분명령신청서]

피신청인은 별지 목록 기재 선박에 대하여 매매 · 증여 · 양도, 저당권 · 전세권 · 임차권의 설정 기타 일체의 처분행위를 하여서는 아니된다.

라는 재판을 구합니다.

[자동차 점유이전금지 가처분명령신청서]

1. 피신청인은 별지 목록 기재 자동차에 대한 점유를 풀고 신청인이 위임하는 ○○지방 법원 ○○지원 소속 집행관이 보관하게 하여야 한다.
2. 집행관은 신청인의 신청이 있으면 자동차를 사용하지 아니할 것을 조건으로 신청인에게 보관하게 할 수 있다.
3. 집행관은 그 보관의 취지를 공시하기 위하여 적당한 조치를 강구하여야 한다.
라는 재판을 구합니다.

[자동차 처분금지 가처분명령신청서]

피신청인은 별지 목록 기재 자동차에 대하여 매매 · 증여 · 양도, 저당권의 설정 기타 일체의 처분행위를 하여서는 아니된다.
라는 재판을 구합니다.

[임시주주총회결의금지 가처분명령신청서]

피신청인이 2017. 1. 1. 소집하고, 2017. 1. 8. 10 : 00 피신청인의 본점 대회의실에서 개최 예정이며, 별지 기재의 결의사항에 관한 임시주주총회의 결의는 이를 금지한다.
라는 재판을 구합니다.

[임시주주총회소집정지 가처분명령신청서]

피신청인이 2017. 1. 1. 소집하고, 2017. 1. 8. 10 : 00 피신청인의 주사무소가 있는 ○○시 ○○길 ○○-○ 소재 대회의실에서 개최할 예정이며, 별지 기재의 결의사항에 관한 임시주주총회는 그 개최를 정지한다.

라는 재판을 구합니다.

[주주총회결의 효력정지 가처분명령신청서]

1. 신청인의 피신청인에 대한 ○○지방법원 2017가합○○○호 주주총회결의취소청구사건의 본안판결이 확정될 때까지 피신청인의 별지 목록 기재 주주총회결의의 효력을 정지한다.
2. 피신청인의 대표이사는 위 주주총회결의의 내용을 집행하여서는 아니된다.

라는 재판을 구합니다.

[저당권 처분금지 가처분명령신청서]

피신청인은 별지 제1목록 기재 부동산 위에 설정된 별지 제2목록 기재 근저당권에 의한 담보권을 실행하거나 양도 기타 일체의 처분행위를 하여서는 아니된다.

라는 재판을 구합니다.

[질권 처분금지 가처분명령신청서]

1. 피신청인은 별지 제1목록 기재 물건에 대한 점유를 풀고 신청인이 위임하는 ○○지방
   법원 소속 집행관이 보관하게 하여야 한다.
2. 피신청인은 위 물건 위에 설정된 별지 제2목록 기재 질권에 의하여 담보된 채권을
   실행하거나 질권의 양도 기타 일체의 처분행위를 하여서는 아니 된다.
라는 재판을 구합니다.

저자 약력

변호사 장 인 태

- 고려대학교 법학과 졸업
- 서울대학교 대학원 법학과 졸업(세법 전공)
- 서울대학교 대학원 박사과정(조세법) 수료
- 미국 Seton Hall Law School 장기연수
- 미국 UC Berkeley Law School
  International Litigation and Corporate Finance Course(ILCFC) 수료
  Information Privacy and Security Law Course(IPSL) 수료
- 사법연수원 제23기 수료
- 서울방송(SBS) 법률자문위원, TV '대단한 법정' 진행
- 교통방송(TBS) '교통백과' 진행
- 서울방송(SBS) 프로덕션, 한국토지공사, 한국수자원공사 등 고문변호사
- 정보통신부 프로그램심의조정위원회 조정위원
- 재정경제부 국세심판원 심판관(비상임)
- 국무총리 조세심판원 심판관(비상임)
- 금융감독원 금융분쟁조정위원회 위원
- 한국콘텐츠진흥원 자문위원
- 광운대학교 법과대학 법학과 교수(겸임)

[주요저서]
- 교통사고처리 이렇게 쉬울 수가
- 판례로 풀어보는 나홀로 이혼소송
- 나홀로 부동산 경매박사 Ⅰ, Ⅱ
- 쉽게 풀자 신용카드 법률분쟁
- 교통사고 법률천국
- 상가·아파트 분쟁과 소송
- 조세판례백선(공동집필)
- 이혼소송 재산분할
- 유치권 이론과 실무
- 『이론과 실제-계약실무 총람』(공편) (법률출판사, 2017)
- 완벽한 계약서 작성법 (법률출판사, 2017)

채무자 재산 묶어놓는 법·푸는 법

(가압류 & 가처분)

2018년 8월 15일   1판 1쇄 인쇄
2018년 8월 20일   1판 1쇄 발행

저   자   장인태
발 행 인   김용성
발 행 처   법률출판사
　　　　　 서울시 동대문구 이문로 58 (휘경동) 오스카빌딩 4층
　　　　　 ☎ 02) 962-9154   팩스 02) 962-9156
등 록 번 호   제1-1982호
ISBN :   978-89-5821-331-4   13360

e-mail :   lawnbook@hanmail.net

정 가   16,000원